U0164908

标准日语
初级词汇

刷词手册

新东方日语研究中心 编著

上 册

 中国出版集团有限公司

 世界图书出版公司
北京 广州 上海 西安

前言
まえがき

　　无论学习哪种外语，词汇都是非常重要的，是听、说、读、写等能力的基础。对学习日语的学生来说，掌握日语词汇则尤为重要。新日本语能力考试各个级别的考试中，"文字、词汇"部分直接考查日语汉字对应的假名的写法、假名对应的日语汉字的写法、日语词汇的含义、日语词汇及表达的用法等。此类专门针对词汇进行考查的题型在其他外语考试中是比较少见的，足见新日本语能力考试机构对日语词汇的重视程度。

　　为了帮助日语初级阶段的读者，特别是学习《新版 中日交流标准日本语初级上、下》（以下简称《标日初级》）的读者牢固掌握日语初级阶段的词汇，我们精心编写了此书，希望能对大家的词汇学习有所帮助。

本书有以下几个特点：

❶ 本书分为上、下两册，包括 12 个单元，共 48 课内容。每课均包括重点单词学一学、写出假名对应的日语汉字、写出日语汉字对应的假名、写出中文对应的日语单词或表达、听写练习以及返记词汇列表 6 个部分。大家可通过多种题型的练习，对单词进行检测和复习，达到牢固掌握的目的。

❷ 本书在每单元后设置了一个单元测试，测试题型与新日本语能力考试"文字、词汇"部分的题型相同，测试内容为本单元学过的生词，测试题目中涉及的语法点为《标日初级》教材中相应单元中学过的语法。大家可通过该部分的习题，测试对本单元单词的掌握情况并复习语法知识。

❸ 本书补充了 500 个在新日本语能力考试 N4、N5 级别中常考、考生必备的初级词汇，帮助大家在牢固掌握《标日初级》教材中的词汇的同时，为备战新日本语能力考试打好词汇基础。

❹ 本书上册附有两套 N5 级别的"文字、词汇"模拟题，下册附有两套 N4 级别的"文字、词汇"模拟题。模拟题的题型与真题一致，难度与真题相当，方便大家对学过的内容进行强化训练，提高实战和应用能力。

❺ 本书单词配有音频，由日籍专业播音员朗读，语音、语调均为标准东京日本语，方便大家进行跟读练习，强化单词记忆，提高听说能力。

衷心希望本书能够帮助大家牢固掌握初级日语词汇，祝愿每一位初级日语学习者在日语学习的道路上顺利前行，学有所成！

编者

目录
もくじ

第一单元 ユニット ❶

第 1 课 .... / 1

第 2 课 .... / 4

第 3 课 .... / 8

第 4 课 .... / 11

单元测试（一） .... / 15

第二单元 ユニット ❷

第 5 课 .... / 17

第 6 课 .... / 21

第 7 课 .... / 24

第 8 课 .... / 28

单元测试（二） .... / 32

第三单元 ユニット ❸

第 9 课 .... / 34

第 10 课 .... / 38

第 11 课 .... / 42

第 12 课 .... / 46

单元测试（三） .... / 49

第四单元 ユニット ❹

第 13 课 .... / 51

第 14 课 .... / 54

第 15 课 .... / 58

第 16 课 .... / 61

单元测试（四） .... / 66

第五单元 ユニット ⑤

第 17 课 ·········· / 68

第 18 课 ·········· / 70

第 19 课 ·········· / 74

第 20 课 ·········· / 77

单元测试（五）·········· / 81

N5 文字、词汇模拟题（一）·········· / 95

N5 文字、词汇模拟题（二）·········· / 98

参考答案 ·········· / 101

第六单元 ユニット ⑥

第 21 课 ·········· / 83

第 22 课 ·········· / 85

第 23 课 ·········· / 88

第 24 课 ·········· / 90

单元测试（六）·········· / 93

第 1 课

音频

🪭 **重点单词学一学**

01 中国人（ちゅうごくじん）④*
  ［名］中国人 ＿＿＿＿＿＿＿

02 日本人（にほんじん）④
  ［名］日本人 ＿＿＿＿＿＿＿

03 韓国人（かんこくじん）④
  ［名］韩国人 ＿＿＿＿＿＿＿

04 アメリカ人（アメリカじん）④
  ［名］美国人 ＿＿＿＿＿＿＿

05 フランス人（フランスじん）④
  ［名］法国人 ＿＿＿＿＿＿＿

06 学生（がくせい）⓪
  ［名］（大）学生 ＿＿＿＿＿＿＿

07 先生（せんせい）③
  ［名］老师 ＿＿＿＿＿＿＿

08 留学生（りゅうがくせい）③
  ［名］留学生 ＿＿＿＿＿＿＿

09 教授（きょうじゅ）⓪
  ［名］教授 ＿＿＿＿＿＿＿

10 社員（しゃいん）①
  ［名］职员 ＿＿＿＿＿＿＿

11 会社員（かいしゃいん）③
  ［名］公司职员 ＿＿＿＿＿＿＿

12 店員（てんいん）⓪
  ［名］店员 ＿＿＿＿＿＿＿

13 研修生（けんしゅうせい）③
  ［名］进修生 ＿＿＿＿＿＿＿

14 企業（きぎょう）①
  ［名］企业 ＿＿＿＿＿＿＿

15 大学（だいがく）⓪
  ［名］大学 ＿＿＿＿＿＿＿

16 父（ちち）②
  ［名］（我）父亲 ＿＿＿＿＿＿＿

17 課長（かちょう）⓪
  ［名］科长 ＿＿＿＿＿＿＿

18 社長（しゃちょう）⓪
  ［名］总经理，社长 ＿＿＿＿＿＿＿

19 出迎え（でむかえ）⓪
  ［名］迎接 ＿＿＿＿＿＿＿

20 あの人（あのひと）②
  ［名］那个人 ＿＿＿＿＿＿＿

21 私（わたし）⓪
  ［代］我 ＿＿＿＿＿＿＿

22 貴方（あなた）②
  ［代］你 ＿＿＿＿＿＿＿

23 中国（ちゅうごく）①
  ［专］中国 ＿＿＿＿＿＿＿

24 どうも①
  ［副］非常，很 ＿＿＿＿＿＿＿

＊ 表示单词的声调。

25 | はい ①
[叹] 哎，是（应答）；是的
_____

26 | いいえ ③
[叹] 不，不是 _____

27 | こんにちは ⑤
你好 _____

28 | すみません ④
对不起；请问 _____

29 | どうぞ ①
请 _____

30 | よろしくお願いします
（よろしくおねがいします）⑩
请多关照 _____

31 | はじめまして ④
初次见面 _____

32 | こちらこそ ④
我才要（请您……）_____

33 | そうです ①
是（这样）_____

34 | ちがいます ④
不是 _____

35 | 分かりません（わかりません）⑤
不知道 _____

36 | どうもすみません ① + ④
实在对不起 _____

一、请写出假名对应的日语汉字

01 | しゃちょう _____
02 | かちょう _____
03 | ちゅうごくじん _____
04 | かんこくじん _____
05 | にほんじん _____
06 | きぎょう _____
07 | きょうじゅ _____
08 | てんいん _____
09 | しゃいん _____
10 | かいしゃいん _____

11 | がくせい _____
12 | だいがく _____
13 | りゅうがくせい _____
14 | けんしゅうせい _____
15 | せんせい _____
16 | でむかえ _____
17 | あのひと _____
18 | わたし _____
19 | あなた _____
20 | ちち _____

二、请写出日语汉字对应的假名

01 | 父 _____
02 | 教授 _____
03 | 授業 _____
04 | 大学 _____
05 | 学生 _____

06 | 留学生 _____
07 | 研修生 _____
08 | 社長 _____
09 | 課長 _____
10 | 社員 _____

11　会社員 _____

12　出迎え _____

13　あの人 _____

14　私 _____

15　貴方 _____

16　中国 _____

17　韓国人 _____

18　日本人 _____

19　アメリカ人 _____

20　フランス人 _____

三、请写出中文对应的日语单词或表达

01　你好 _____

02　对不起；请问 _____

03　请 _____

04　初次见面 _____

05　请多关照 _____

06　我才要（请您……）_____

07　非常，很 _____

08　哎，是（应答）；是的 _____

09　不，不是 _____

10　不知道 _____

11　实在对不起 _____

12　是（这样）_____

13　不是 _____

14　那个人 _____

15　我 _____

16　你 _____

17　职员 _____

18　公司职员 _____

19　店员 _____

20　进修生 _____

21　企业 _____

22　科长 _____

23　总经理，社长 _____

24　迎接 _____

25　法国人 _____

26　美国人 _____

27　大学 _____

28　（大）学生 _____

29　老师 _____

30　教授 _____

四、听写练习

音频

01 _____　02 _____　03 _____　04 _____

05 _____　06 _____　07 _____　08 _____

09 _____　10 _____　11 _____　12 _____

13 _____　14 _____　15 _____　16 _____

返记词汇列表

01 □ 中国人	13 □ 研修生	25 □ はい
02 □ 日本人	14 □ 企業	26 □ いいえ
03 □ 韓国人	15 □ 大学	27 □ こんにちは
04 □ アメリカ人	16 □ 父	28 □ すみません
05 □ フランス人	17 □ 課長	29 □ どうぞ
06 □ 学生	18 □ 社長	30 □ よろしくお願いします
07 □ 先生	19 □ 出迎え	31 □ はじめまして
08 □ 留学生	20 □ あの人	32 □ こちらこそ
09 □ 教授	21 □ 私	33 □ そうです
10 □ 社員	22 □ 貴方	34 □ ちがいます
11 □ 会社員	23 □ 中国	35 □ 分かりません
12 □ 店員	24 □ どうも	36 □ どうもすみません

音频

重点单词学一学

01 本（ほん）①
[名] 书 ＿＿＿＿＿＿＿＿

02 かばん⓪
[名] 包，公文包 ＿＿＿＿＿＿＿＿

03 ノート①
[名] 笔记本，本子 ＿＿＿＿＿＿＿＿

04 鉛筆（えんぴつ）⓪
[名] 铅笔 ＿＿＿＿＿＿＿＿

05 傘（かさ）①
[名] 伞 ＿＿＿＿＿＿＿＿

06 靴（くつ）②
[名] 鞋 ＿＿＿＿＿＿＿＿

07 新聞（しんぶん）⓪
[名] 报纸 ＿＿＿＿＿＿＿＿

08 雑誌（ざっし）⓪
[名] 杂志 ＿＿＿＿＿＿＿＿

09 辞書（じしょ）①
[名] 词典 ＿＿＿＿＿＿＿＿

10 カメラ①
[名] 照相机 ＿＿＿＿＿＿＿＿

11 テレビ ①
[名] 电视机 ＿＿＿＿＿＿

12 パソコン ⓪
[名] 个人电脑 ＿＿＿＿＿＿

13 ラジオ ①
[名] 收音机 ＿＿＿＿＿＿

14 電話（でんわ）⓪
[名] 电话 ＿＿＿＿＿＿

15 机（つくえ）⓪
[名] 桌子，书桌 ＿＿＿＿＿＿

16 椅子（いす）⓪
[名] 椅子 ＿＿＿＿＿＿

17 鍵（かぎ）②
[名] 钥匙；锁 ＿＿＿＿＿＿

18 時計（とけい）⓪
[名] 钟，表 ＿＿＿＿＿＿

19 手帳（てちょう）⓪
[名] 记事本 ＿＿＿＿＿＿

20 写真（しゃしん）⓪
[名] 照片 ＿＿＿＿＿＿

21 車（くるま）⓪
[名] 车 ＿＿＿＿＿＿

22 自転車（じてんしゃ）⓪
[名] 自行车 ＿＿＿＿＿＿

23 お土産（おみやげ）⓪
[名] 礼物 ＿＿＿＿＿＿

24 シルク ①
[名] 丝绸 ＿＿＿＿＿＿

25 ハンカチ ⓪
[名] 手绢 ＿＿＿＿＿＿

26 会社（かいしゃ）⓪
[名] 公司 ＿＿＿＿＿＿

27 方（かた）②
[名]（敬称）位，人 ＿＿＿＿＿＿

28 人（ひと）⓪
[名] 人 ＿＿＿＿＿＿

29 家族（かぞく）①
[名] 家人，家属 ＿＿＿＿＿＿

30 母（はは）①
[名]（我）母亲 ＿＿＿＿＿＿

31 お母さん（おかあさん）②
[名] 母亲 ＿＿＿＿＿＿

32 日本語（にほんご）⓪
[名] 日语 ＿＿＿＿＿＿

33 中国語（ちゅうごくご）⓪
[名] 汉语，中文 ＿＿＿＿＿＿

34 日本（にほん）②
[专] 日本 ＿＿＿＿＿＿

35 ありがとうございます ②＋④
谢谢 ＿＿＿＿＿＿

36 おいくつ ⓪
多大 ＿＿＿＿＿＿

一、请写出假名对应的日语汉字

01 はは ＿＿＿＿＿＿＿＿
02 かさ ＿＿＿＿＿＿＿＿
03 くつ ＿＿＿＿＿＿＿＿
04 つくえ ＿＿＿＿＿＿＿＿
05 ほん ＿＿＿＿＿＿＿＿
06 ひと ＿＿＿＿＿＿＿＿
07 かた ＿＿＿＿＿＿＿＿
08 しんぶん ＿＿＿＿＿＿＿＿
09 ざっし ＿＿＿＿＿＿＿＿
10 じしょ ＿＿＿＿＿＿＿＿

11 てちょう ＿＿＿＿＿＿＿＿
12 しゃしん ＿＿＿＿＿＿＿＿
13 とけい ＿＿＿＿＿＿＿＿
14 でんわ ＿＿＿＿＿＿＿＿
15 くるま ＿＿＿＿＿＿＿＿
16 おみやげ ＿＿＿＿＿＿＿＿
17 にほんご ＿＿＿＿＿＿＿＿
18 かいしゃ ＿＿＿＿＿＿＿＿
19 じてんしゃ ＿＿＿＿＿＿＿＿
20 ちゅうごくご ＿＿＿＿＿＿＿＿

二、请写出日语汉字对应的假名

01 机 ＿＿＿＿＿＿＿＿
02 鍵 ＿＿＿＿＿＿＿＿
03 本 ＿＿＿＿＿＿＿＿
04 傘 ＿＿＿＿＿＿＿＿
05 椅子 ＿＿＿＿＿＿＿＿
06 電話 ＿＿＿＿＿＿＿＿
07 写真 ＿＿＿＿＿＿＿＿
08 手帳 ＿＿＿＿＿＿＿＿
09 辞書 ＿＿＿＿＿＿＿＿
10 雑誌 ＿＿＿＿＿＿＿＿

11 家族 ＿＿＿＿＿＿＿＿
12 母 ＿＿＿＿＿＿＿＿
13 お母さん ＿＿＿＿＿＿＿＿
14 人 ＿＿＿＿＿＿＿＿
15 方 ＿＿＿＿＿＿＿＿
16 会社 ＿＿＿＿＿＿＿＿
17 車 ＿＿＿＿＿＿＿＿
18 自転車 ＿＿＿＿＿＿＿＿
19 お土産 ＿＿＿＿＿＿＿＿
20 日本語 ＿＿＿＿＿＿＿＿

三、请写出中文对应的日语单词或表达

01 多大 ＿＿＿＿＿＿＿＿
02 记事本 ＿＿＿＿＿＿＿＿
03 礼物 ＿＿＿＿＿＿＿＿
04 日语 ＿＿＿＿＿＿＿＿
05 （我）母亲 ＿＿＿＿＿＿＿＿
06 母亲 ＿＿＿＿＿＿＿＿
07 家人，家属 ＿＿＿＿＿＿＿＿

08 公司 ＿＿＿＿＿＿＿＿
09 （敬称）位，人 ＿＿＿＿＿＿＿＿
10 人 ＿＿＿＿＿＿＿＿
11 丝绸 ＿＿＿＿＿＿＿＿
12 手绢 ＿＿＿＿＿＿＿＿
13 伞 ＿＿＿＿＿＿＿＿
14 鞋 ＿＿＿＿＿＿＿＿

15	照片 _____	23	书 _____
16	照相机 _____	24	报纸 _____
17	个人电脑 _____	25	杂志 _____
18	收音机 _____	26	笔记本，本子 _____
19	电视机 _____	27	桌子，书桌 _____
20	电话 _____	28	包，公文包 _____
21	钟，表 _____	29	车 _____
22	钥匙；锁 _____	30	自行车 _____

四、听写练习 音频

01	_____	02	_____	03	_____	04	_____
05	_____	06	_____	07	_____	08	_____
09	_____	10	_____	11	_____	12	_____
13	_____	14	_____	15	_____	16	_____

返记词汇列表

01	☐ 本	13	☐ ラジオ	25	☐ ハンカチ
02	☐ かばん	14	☐ 電話	26	☐ 会社
03	☐ ノート	15	☐ 机	27	☐ 方
04	☐ 鉛筆	16	☐ 椅子	28	☐ 人
05	☐ 傘	17	☐ 鍵	29	☐ 家族
06	☐ 靴	18	☐ 時計	30	☐ 母
07	☐ 新聞	19	☐ 手帳	31	☐ お母さん
08	☐ 雑誌	20	☐ 写真	32	☐ 日本語
09	☐ 辞書	21	☐ 車	33	☐ 中国語
10	☐ カメラ	22	☐ 自転車	34	☐ 日本
11	☐ テレビ	23	☐ お土産	35	☐ ありがとうございます
12	☐ パソコン	24	☐ シルク	36	☐ おいくつ

 音频

🪭 重点单词学一学

01 | デパート ②
[名] 百货商店 _____

02 | 食堂（しょくどう）⓪
[名] 食堂 _____

03 | 郵便局（ゆうびんきょく）③
[名] 邮局 _____

04 | 銀行（ぎんこう）⓪
[名] 银行 _____

05 | 図書館（としょかん）②
[名] 图书馆 _____

06 | マンション①
[名]（高级）公寓 _____

07 | ホテル①
[名] 宾馆 _____

08 | コンビニ⓪
[名] 便利店 _____

09 | 喫茶店（きっさてん）⓪
[名] 咖啡馆 _____

10 | 病院（びょういん）⓪
[名] 医院 _____

11 | 本屋（ほんや）①
[名] 书店 _____

12 | レストラン①
[名] 餐馆，西餐馆 _____

13 | ビル①
[名] 大楼，大厦 _____

14 | 建物（たてもの）②
[名] 大楼，建筑物 _____

15 | 売り場（うりば）⓪
[名] 柜台，出售处 _____

16 | トイレ①
[名] 厕所，盥洗室 _____

17 | 入り口（いりぐち）⓪
[名] 入口 _____

18 | 事務所（じむしょ）②
[名] 事务所，办事处 _____

19 | 受付（うけつけ）⓪
[名] 接待处 _____

20 | バーゲン会場（バーゲンかいじょう）⑤
[名] 降价处理大卖场 _____

21 | エスカレーター④
[名] 自动扶梯 _____

22 | 服（ふく）②
[名] 衣服 _____

23 | コート①
[名] 风衣，大衣 _____

24 | デジカメ⓪
[名] 数码相机 _____

25 | 国（くに）⓪
[名] 国，国家 _____

26 | 地図（ちず）①
[名] 地图 _____

27 隣（となり）⓪
〔名〕旁边 ＿＿＿＿＿＿＿

28 周辺（しゅうへん）⓪
〔名〕附近，周边 ＿＿＿＿＿＿＿

29 今日（きょう）①
〔名〕今天 ＿＿＿＿＿＿＿

30 水曜日（すいようび）③
〔名〕星期三 ＿＿＿＿＿＿＿

31 木曜日（もくようび）③
〔名〕星期四 ＿＿＿＿＿＿＿

32 あのう⓪
〔叹〕请问；对不起 ＿＿＿＿＿＿＿

33 いくら①
多少钱 ＿＿＿＿＿＿＿

一、请写出假名对应的日语汉字

01 たてもの ＿＿＿＿＿＿＿
02 うりば ＿＿＿＿＿＿＿
03 じむしょ ＿＿＿＿＿＿＿
04 うけつけ ＿＿＿＿＿＿＿
05 いりぐち ＿＿＿＿＿＿＿
06 ふく ＿＿＿＿＿＿＿
07 くに ＿＿＿＿＿＿＿
08 ちず ＿＿＿＿＿＿＿
09 きょう ＿＿＿＿＿＿＿
10 すいようび ＿＿＿＿＿＿＿

11 もくようび ＿＿＿＿＿＿＿
12 となり ＿＿＿＿＿＿＿
13 しゅうへん ＿＿＿＿＿＿＿
14 ぎんこう ＿＿＿＿＿＿＿
15 しょくどう ＿＿＿＿＿＿＿
16 ゆうびんきょく ＿＿＿＿＿＿＿
17 としょかん ＿＿＿＿＿＿＿
18 きっさてん ＿＿＿＿＿＿＿
19 びょういん ＿＿＿＿＿＿＿
20 ほんや ＿＿＿＿＿＿＿

二、请写出日语汉字对应的假名

01 服 ＿＿＿＿＿＿＿
02 国 ＿＿＿＿＿＿＿
03 隣 ＿＿＿＿＿＿＿
04 周辺 ＿＿＿＿＿＿＿
05 地図 ＿＿＿＿＿＿＿
06 今日 ＿＿＿＿＿＿＿
07 銀行 ＿＿＿＿＿＿＿
08 本屋 ＿＿＿＿＿＿＿
09 病院 ＿＿＿＿＿＿＿
10 食堂 ＿＿＿＿＿＿＿

11 建物 ＿＿＿＿＿＿＿
12 受付 ＿＿＿＿＿＿＿
13 入り口 ＿＿＿＿＿＿＿
14 売り場 ＿＿＿＿＿＿＿
15 郵便局 ＿＿＿＿＿＿＿
16 図書館 ＿＿＿＿＿＿＿
17 喫茶店 ＿＿＿＿＿＿＿
18 木曜日 ＿＿＿＿＿＿＿
19 水曜日 ＿＿＿＿＿＿＿
20 バーゲン会場 ＿＿＿＿＿＿＿

三、请写出中文对应的日语单词或表达

01 | 大楼，大厦 _____
02 | 大楼，建筑物 _____
03 | 百货商店 _____
04 | （高级）公寓 _____
05 | 宾馆 _____
06 | 便利店 _____
07 | 咖啡馆 _____
08 | 餐馆，西餐馆 _____
09 | 书店 _____
10 | 图书馆 _____
11 | 银行 _____
12 | 邮局 _____
13 | 入口 _____
14 | 自动扶梯 _____
15 | 厕所，盥洗室 _____
16 | 柜台，出售处 _____
17 | 风衣，大衣 _____
18 | 衣服 _____
19 | 数码相机 _____
20 | 地图 _____
21 | 国，国家 _____
22 | 旁边 _____
23 | 附近，周边 _____
24 | 接待处 _____
25 | 事务所，办事处 _____
26 | 降价处理大卖场 _____
27 | 今天 _____
28 | 星期四 _____
29 | 请问；对不起 _____
30 | 多少钱 _____

四、听写练习

音频

01 _____ 02 _____ 03 _____ 04 _____

05 _____ 06 _____ 07 _____ 08 _____

09 _____ 10 _____ 11 _____ 12 _____

13 _____ 14 _____ 15 _____ 16 _____

🪭 返记词汇列表

01 | ☐ デパート
02 | ☐ 食堂
03 | ☐ 郵便局
04 | ☐ 銀行
05 | ☐ 図書館
06 | ☐ マンション
07 | ☐ ホテル
08 | ☐ コンビニ
09 | ☐ 喫茶店
10 | ☐ 病院
11 | ☐ 本屋
12 | ☐ レストラン
13 | ☐ ビル
14 | ☐ 建物
15 | ☐ 売り場

16	□ トイレ	22	□ 服	28	□ 周辺
17	□ 入り口	23	□ コート	29	□ 今日
18	□ 事務所	24	□ デジカメ	30	□ 水曜日
19	□ 受付	25	□ 国	31	□ 木曜日
20	□ バーゲン会場	26	□ 地図	32	□ あのう
21	□ エスカレーター	27	□ 隣	33	□ いくら

第4课

 音频

🪭 重点单词学一学

01 部屋（へや）②
[名] 房间，屋子 _____

02 庭（にわ）⓪
[名] 院子 _____

03 家（いえ）②
[名] 家 _____

04 居間（いま）②
[名] 起居室 _____

05 冷蔵庫（れいぞうこ）③
[名] 冰箱 _____

06 壁（かべ）⓪
[名] 墙壁 _____

07 スイッチ②
[名] 开关 _____

08 本棚（ほんだな）①
[名] 书架 _____

09 ベッド①
[名] 床 _____

10 猫（ねこ）①
[名] 猫 _____

11 犬（いぬ）②
[名] 狗 _____

12 箱（はこ）⓪
[名] 盒子，箱子 _____

13 眼鏡（めがね）①
[名] 眼镜 _____

14 ビデオ①
[名] 录像机 _____

15 サッカーボール⑤
[名] 足球 _____

16 ビール①
[名] 啤酒 _____

17 子供（こども）⓪
[名] 孩子，小孩 _____

18 兄弟（きょうだい）①
[名] 兄弟姐妹 _____

19	両親（りょうしん）① ［名］父母，双亲 ＿＿＿＿＿＿＿	32	教室（きょうしつ）⓪ ［名］教室 ＿＿＿＿＿＿＿

19 両親（りょうしん）①
［名］父母，双亲 ＿＿＿＿＿＿＿＿

20 妹（いもうと）④
［名］妹妹 ＿＿＿＿＿＿＿＿

21 男（おとこ）③
［名］男 ＿＿＿＿＿＿＿＿

22 女（おんな）③
［名］女 ＿＿＿＿＿＿＿＿

23 生徒（せいと）①
［名］学生 ＿＿＿＿＿＿＿＿

24 上（うえ）⓪
［名］上面 ＿＿＿＿＿＿＿＿

25 外（そと）①
［名］外面 ＿＿＿＿＿＿＿＿

26 中（なか）①
［名］里面，内部，中间
＿＿＿＿＿＿＿＿

27 下（した）⓪
［名］下面 ＿＿＿＿＿＿＿＿

28 前（まえ）①
［名］前，前面 ＿＿＿＿＿＿＿＿

29 後ろ（うしろ）⓪
［名］后，后面 ＿＿＿＿＿＿＿＿

30 近く（ちかく）①
［名］附近，近旁 ＿＿＿＿＿＿＿＿

31 場所（ばしょ）⓪
［名］所在地，地方，场所
＿＿＿＿＿＿＿＿

32 教室（きょうしつ）⓪
［名］教室 ＿＿＿＿＿＿＿＿

33 会議室（かいぎしつ）③
［名］会议室 ＿＿＿＿＿＿＿＿

34 図書室（としょしつ）②
［名］图书室 ＿＿＿＿＿＿＿＿

35 公園（こうえん）⓪
［名］公园 ＿＿＿＿＿＿＿＿

36 花屋（はなや）②
［名］花店 ＿＿＿＿＿＿＿＿

37 売店（ばいてん）⓪
［名］小卖部，售货亭 ＿＿＿＿＿＿＿＿

38 駅（えき）①
［名］车站 ＿＿＿＿＿＿＿＿

39 地下鉄（ちかてつ）⓪
［名］地铁 ＿＿＿＿＿＿＿＿

40 木（き）①
［名］树，树木 ＿＿＿＿＿＿＿＿

41 一人暮らし（ひとりぐらし）④
［名］单身生活，一个人过日子
＿＿＿＿＿＿＿＿

42 あります③
［动1］有，在（非意志者）
＿＿＿＿＿＿＿＿

43 います②
［动2］有，在（具意志者）
＿＿＿＿＿＿＿＿

一、请写出假名对应的日语汉字

01 うえ ＿＿＿＿＿＿＿＿＿
02 いえ ＿＿＿＿＿＿＿＿＿
03 いま ＿＿＿＿＿＿＿＿＿
04 にわ ＿＿＿＿＿＿＿＿＿
05 かべ ＿＿＿＿＿＿＿＿＿
06 へや ＿＿＿＿＿＿＿＿＿
07 はこ ＿＿＿＿＿＿＿＿＿
08 ばしょ ＿＿＿＿＿＿＿＿＿
09 ほんだな ＿＿＿＿＿＿＿＿＿
10 れいぞうこ ＿＿＿＿＿＿＿＿＿

11 うしろ ＿＿＿＿＿＿＿＿＿
12 うえ ＿＿＿＿＿＿＿＿＿
13 した ＿＿＿＿＿＿＿＿＿
14 そと ＿＿＿＿＿＿＿＿＿
15 せいと ＿＿＿＿＿＿＿＿＿
16 こうえん ＿＿＿＿＿＿＿＿＿
17 ばいてん ＿＿＿＿＿＿＿＿＿
18 えき ＿＿＿＿＿＿＿＿＿
19 ちかてつ ＿＿＿＿＿＿＿＿＿
20 ひとりぐらし ＿＿＿＿＿＿＿＿＿

二、请写出日语汉字对应的假名

01 木 ＿＿＿＿＿＿＿＿＿
02 中 ＿＿＿＿＿＿＿＿＿
03 妹 ＿＿＿＿＿＿＿＿＿
04 犬 ＿＿＿＿＿＿＿＿＿
05 猫 ＿＿＿＿＿＿＿＿＿
06 男 ＿＿＿＿＿＿＿＿＿
07 女 ＿＿＿＿＿＿＿＿＿
08 子供 ＿＿＿＿＿＿＿＿＿
09 兄弟 ＿＿＿＿＿＿＿＿＿
10 両親 ＿＿＿＿＿＿＿＿＿

11 眼鏡 ＿＿＿＿＿＿＿＿＿
12 近く ＿＿＿＿＿＿＿＿＿
13 部屋 ＿＿＿＿＿＿＿＿＿
14 花屋 ＿＿＿＿＿＿＿＿＿
15 売店 ＿＿＿＿＿＿＿＿＿
16 教室 ＿＿＿＿＿＿＿＿＿
17 会議室 ＿＿＿＿＿＿＿＿＿
18 図書室 ＿＿＿＿＿＿＿＿＿
19 地下鉄 ＿＿＿＿＿＿＿＿＿
20 冷蔵庫 ＿＿＿＿＿＿＿＿＿

三、请写出中文对应的日语单词或表达

01 起居室 ＿＿＿＿＿＿＿＿＿
02 墙壁 ＿＿＿＿＿＿＿＿＿
03 开关 ＿＿＿＿＿＿＿＿＿
04 书架 ＿＿＿＿＿＿＿＿＿
05 床 ＿＿＿＿＿＿＿＿＿
06 盒子，箱子 ＿＿＿＿＿＿＿＿＿
07 眼镜 ＿＿＿＿＿＿＿＿＿

08 录像机 ＿＿＿＿＿＿＿＿＿
09 足球 ＿＿＿＿＿＿＿＿＿
10 啤酒 ＿＿＿＿＿＿＿＿＿
11 孩子，小孩 ＿＿＿＿＿＿＿＿＿
12 父母，双亲 ＿＿＿＿＿＿＿＿＿
13 兄弟姐妹 ＿＿＿＿＿＿＿＿＿
14 妹妹 ＿＿＿＿＿＿＿＿＿

15	上面 _____	23	小卖部，售货亭 _____
16	下面 _____	24	车站 _____
17	外面 _____	25	地铁 _____
18	里面，内部，中间 _____	26	教室 _____
19	前，前面 _____	27	单身生活，一个人过日子 _____
20	后，后面 _____	28	树，树木 _____
21	附近，近旁 _____	29	有，在（非意志者） _____
22	所在地，地方，场所 _____	30	有，在（具意志者） _____

四、听写练习 音频

01	_____	02	_____	03	_____	04	_____
05	_____	06	_____	07	_____	08	_____
09	_____	10	_____	11	_____	12	_____
13	_____	14	_____	15	_____	16	_____

返记词汇列表

01	□ 部屋	14	□ ビデオ	27	□ 下
02	□ 庭	15	□ サッカーボール	28	□ 前
03	□ 家	16	□ ビール	29	□ 後ろ
04	□ 居間	17	□ 子供	30	□ 近く
05	□ 冷蔵庫	18	□ 兄弟	31	□ 場所
06	□ 壁	19	□ 両親	32	□ 教室
07	□ スイッチ	20	□ 妹	33	□ 会議室
08	□ 本棚	21	□ 男	34	□ 図書室
09	□ ベッド	22	□ 女	35	□ 公園
10	□ 猫	23	□ 生徒	36	□ 花屋
11	□ 犬	24	□ 上	37	□ 売店
12	□ 箱	25	□ 外	38	□ 駅
13	□ 眼鏡	26	□ 中	39	□ 地下鉄

40 □ 木   42 □ あります   43 □ います

41 □ 一人暮らし

単元測試（一）

もんだい1 ＿＿＿＿ の ことばは ひらがなで どう かきますか。1・2・3・4から いちばん いい ものを ひとつ えらんで ください。

[1] 李さんは中国人です。

    1. ちょうごくじん　　2. ちょうこくじん　　3. ちゅうごくじん　　4. ちゅうこくじん

[2] この雑誌はいくらですか。

    1. ざし　　　　　　2. ざっし　　　　　　3. さじ　　　　　　4. さっじ

[3] その自転車は森さんのです。

    1. じてんしゃ　　　2. じてしゃ　　　　　3. じでんしゃ　　　4. じでしゃ

[4] 喫茶店はデパートの1階です。

    1. きちゃてん　　　2. きさてん　　　　　3. きっちゃてん　　4. きっさてん

[5] すみません、地下鉄の駅はどこですか。

    1. ちっかてつ　　　2. ちっがてつ　　　　3. ちかてつ　　　　4. ちがてつ

もんだい2 ＿＿＿＿の ことばは どう かきますか。1・2・3・4から いちばん いい ものを ひとつ えらんで ください。

[1] あの人は大学のきょうじゅです。

    1. 教授　　　　　　2. 教室　　　　　　　3. 先生　　　　　　4. 学生

[2] 机の上に本とえんぴつがあります。

    1. 新聞　　　　　　2. 雑誌　　　　　　　3. 鉛筆　　　　　　4. 辞書

[3] あれはだれのかさですか。

    1. 靴　　　　　　　2. 傘　　　　　　　　3. 木　　　　　　　4. 本

[4] そのビルはとしょかんです。

    1. 郵便局　　　　　2. 銀行　　　　　　　3. 図書館　　　　　4. 病院

[5] <u>こども</u>は公園にいます。

    1. 生徒   2. 両親   3. 妹   4. 子供

もんだい3　（　　）に　なにを　いれますか。1・2・3・4から　いちばん　いい　ものを　ひとつ　えらんで　ください。

[1]　あの人は（　　）ですか。

    1. なん   2. だれ   3. どれ   4. どの

[2]　（　　）の中に本があります。

    1. テレビ   2. カメラ   3. ノート   4. かばん

[3]　食堂は（　　）の5階です。

    1. コンビニ   2. デパート   3. トイレ   4. エスカレーター

[4]　箱の中になにも（　　）。

    1. いません   2. います   3. ありません   4. あります

[5]　A:「お母さんは（　　）ですか。」

    B:「53歳です。」

    1. おいくつ   2. おいくら   3. どこ   4. どなた

第二单元
ユニット ❷

第5课

 音频

🪭 **重点单词学一学**

01 今（いま）①
　　[名] 现在 _____

02 先週（せんしゅう）⓪
　　[名] 上个星期 _____

03 来週（らいしゅう）⓪
　　[名] 下个星期 _____

04 さ来週（さらいしゅう）⓪
　　[名] 下下个星期 _____

05 今週（こんしゅう）⓪
　　[名] 这个星期 _____

06 昨日（きのう）⓪
　　[名] 昨天 _____

07 明日（あした）③
　　[名] 明天 _____

08 あさって②
　　[名] 后天 _____

09 おととい③
　　[名] 前天 _____

10 毎日（まいにち）①
　　[名] 每天，每日 _____

11 毎朝（まいあさ）①
　　[名] 每天早晨 _____

12 毎晩（まいばん）①
　　[名] 每天晚上 _____

13 毎週（まいしゅう）⓪
　　[名] 每个星期 _____

14 午前（ごぜん）①
　　[名] 上午 _____

15 午後（ごご）①
　　[名] 下午 _____

16 日曜日（にちようび）③
　　[名] 星期日 _____

17 月曜日（げつようび）③
　　[名] 星期一 _____

18 火曜日（かようび）②
　　[名] 星期二 _____

19 金曜日（きんようび）③
　　[名] 星期五 _____

20 土曜日（どようび）②
　　[名] 星期六 _____

21 今朝（けさ）①
　　[名] 今天早晨 _____

22 今晩（こんばん）①
　　[名] 今天晚上 _____

23 来年（らいねん）⓪
　　[名] 明年 _____

24 去年（きょねん）①
　　[名] 去年 _____

25	夜（よる）① [名] 晚上，夜里，夜晚 ＿＿＿＿＿＿		36	お宅（おたく）⓪ [名] 府上，（您）家 ＿＿＿＿＿＿
26	晚（ばん）⓪ [名] 晚上 ＿＿＿＿＿＿		37	いつ① [疑] 什么时候 ＿＿＿＿＿＿
27	朝（あさ）① [名] 早晨 ＿＿＿＿＿＿		38	休みます（やすみます）④ [动1] 休息 ＿＿＿＿＿＿
28	学校（がっこう）⓪ [名] 学校 ＿＿＿＿＿＿		39	働きます（はたらきます）⑤ [动1] 工作 ＿＿＿＿＿＿
29	試験（しけん）② [名] 考试 ＿＿＿＿＿＿		40	始まります（はじまります）⑤ [动1] 开始 ＿＿＿＿＿＿
30	仕事（しごと）⓪ [名] 工作 ＿＿＿＿＿＿		41	終わります（おわります）④ [动1] 结束 ＿＿＿＿＿＿
31	遅刻（ちこく）⓪ [名] 迟到 ＿＿＿＿＿＿		42	起きます（おきます）③ [动2] 起床 ＿＿＿＿＿＿
32	休み（やすみ）③ [名] 休息 ＿＿＿＿＿＿		43	寝ます（ねます）② [动2] 睡觉 ＿＿＿＿＿＿
33	出張（しゅっちょう）⓪ [名] 出差 ＿＿＿＿＿＿		44	勉強します（べんきょうします）⑥ [动3] 学习 ＿＿＿＿＿＿
34	旅行（りょこう）⓪ [名] 旅行 ＿＿＿＿＿＿		45	いつも① [副] 经常，总是 ＿＿＿＿＿＿
35	パーティー① [名] 联欢会 ＿＿＿＿＿＿			

一、请写出假名对应的日语汉字

01	いま ＿＿＿＿＿＿		07	ごぜん ＿＿＿＿＿＿
02	けさ ＿＿＿＿＿＿		08	しごと ＿＿＿＿＿＿
03	あさ ＿＿＿＿＿＿		09	ちこく ＿＿＿＿＿＿
04	よる ＿＿＿＿＿＿		10	きのう ＿＿＿＿＿＿
05	ばん ＿＿＿＿＿＿		11	あした ＿＿＿＿＿＿
06	ごご ＿＿＿＿＿＿		12	やすみ ＿＿＿＿＿＿

13 しけん ＿＿＿＿＿＿＿

14 かようび ＿＿＿＿＿＿＿

15 どようび ＿＿＿＿＿＿＿

16 げつようび ＿＿＿＿＿＿＿

17 にちようび ＿＿＿＿＿＿＿

18 きんようび ＿＿＿＿＿＿＿

19 しゅっちょう ＿＿＿＿＿＿＿

20 はたらきます ＿＿＿＿＿＿＿

二、请写出日语汉字对应的假名

01 先週 ＿＿＿＿＿＿＿

02 来週 ＿＿＿＿＿＿＿

03 今週 ＿＿＿＿＿＿＿

04 毎日 ＿＿＿＿＿＿＿

05 毎朝 ＿＿＿＿＿＿＿

06 毎晩 ＿＿＿＿＿＿＿

07 今朝 ＿＿＿＿＿＿＿

08 今晩 ＿＿＿＿＿＿＿

09 来年 ＿＿＿＿＿＿＿

10 去年 ＿＿＿＿＿＿＿

11 お宅 ＿＿＿＿＿＿＿

12 学校 ＿＿＿＿＿＿＿

13 旅行 ＿＿＿＿＿＿＿

14 寝ます ＿＿＿＿＿＿＿

15 起きます ＿＿＿＿＿＿＿

16 休みます ＿＿＿＿＿＿＿

17 働きます ＿＿＿＿＿＿＿

18 始まります ＿＿＿＿＿＿＿

19 終わります ＿＿＿＿＿＿＿

20 勉強します ＿＿＿＿＿＿＿

三、请写出中文对应的日语单词或表达

01 后天 ＿＿＿＿＿＿＿

02 明天 ＿＿＿＿＿＿＿

03 昨天 ＿＿＿＿＿＿＿

04 前天 ＿＿＿＿＿＿＿

05 每天，每日 ＿＿＿＿＿＿＿

06 下下个星期 ＿＿＿＿＿＿＿

07 每个星期 ＿＿＿＿＿＿＿

08 明年 ＿＿＿＿＿＿＿

09 去年 ＿＿＿＿＿＿＿

10 上午 ＿＿＿＿＿＿＿

11 下午 ＿＿＿＿＿＿＿

12 今天早晨 ＿＿＿＿＿＿＿

13 今天晚上 ＿＿＿＿＿＿＿

14 星期一 ＿＿＿＿＿＿＿

15 星期二 ＿＿＿＿＿＿＿

16 星期六 ＿＿＿＿＿＿＿

17 学校 ＿＿＿＿＿＿＿

18 考试 ＿＿＿＿＿＿＿

19 出差 ＿＿＿＿＿＿＿

20 旅行 ＿＿＿＿＿＿＿

21 迟到 ＿＿＿＿＿＿＿

22 联欢会 ＿＿＿＿＿＿＿

23 府上，（您）家 ＿＿＿＿＿＿＿

24 开始 ＿＿＿＿＿＿＿

25 结束 ＿＿＿＿＿＿＿

26 起床 ＿＿＿＿＿＿＿

27	睡觉 _____	29	什么时候 _____
28	学习 _____	30	经常，总是 _____

四、听写练习 音频

01	_____	02	_____	03	_____	04	_____
05	_____	06	_____	07	_____	08	_____
09	_____	10	_____	11	_____	12	_____
13	_____	14	_____	15	_____	16	_____

返记词汇列表

01	☐ 今	16	☐ 日曜日	31	☐ 遅刻
02	☐ 先週	17	☐ 月曜日	32	☐ 休み
03	☐ 来週	18	☐ 火曜日	33	☐ 出張
04	☐ さ来週	19	☐ 金曜日	34	☐ 旅行
05	☐ 今週	20	☐ 土曜日	35	☐ パーティー
06	☐ 昨日	21	☐ 今朝	36	☐ お宅
07	☐ 明日	22	☐ 今晩	37	☐ いつ
08	☐ あさって	23	☐ 来年	38	☐ 休みます
09	☐ おととい	24	☐ 去年	39	☐ 働きます
10	☐ 毎日	25	☐ 夜	40	☐ 始まります
11	☐ 毎朝	26	☐ 晩	41	☐ 終わります
12	☐ 毎晩	27	☐ 朝	42	☐ 起きます
13	☐ 毎週	28	☐ 学校	43	☐ 寝ます
14	☐ 午前	29	☐ 試験	44	☐ 勉強します
15	☐ 午後	30	☐ 仕事	45	☐ いつも

音频

🪭 **重点单词学一学**

01　来月（らいげつ）①
　　[名] 下个月 _____

02　先月（せんげつ）①
　　[名] 上个月 _____

03　夜中（よなか）③
　　[名] 午夜，半夜 _____

04　ゆうべ ⓪
　　[名] 昨天晚上 _____

05　コンサート ①
　　[名] 音乐会 _____

06　クリスマス ③
　　[名] 圣诞节 _____

07　誕生日（たんじょうび）③
　　[名] 生日 _____

08　こどもの日（こどものひ）⑤
　　[名] 儿童节 _____

09　夏休み（なつやすみ）③
　　[名] 暑假 _____

10　交通機関（こうつうきかん）⑤
　　[名] 交通工具 _____

11　新幹線（しんかんせん）③
　　[名] 新干线 _____

12　飛行機（ひこうき）②
　　[名] 飞机 _____

13　フェリー ①
　　[名] 渡轮 _____

14　電車（でんしゃ）⓪
　　[名] 电车 _____

15　バス ①
　　[名] 公共汽车 _____

16　タクシー ①
　　[名] 出租车 _____

17　美術館（びじゅつかん）③
　　[名] 美术馆 _____

18　アパート ②
　　[名] 公寓 _____

19　うち ⓪
　　[名] 家 _____

20　プール ①
　　[名] 游泳池 _____

21　友達（ともだち）⓪
　　[名] 朋友 _____

22　弟（おとうと）④
　　[名] 弟弟 _____

23　行きます（いきます）③
　　[动1] 去 _____

24　帰ります（かえります）④
　　[动1] 回来，回去 _____

25　来ます（きます）②
　　[动3] 来 _____

26　たしか ①
　　[副] 好像是，大概；的确
　　_____

27 | まっすぐ ③
[副] 径直, 笔直 _____

28 | いっしょに ⓪
[副] 一起 _____

29 | お疲れ様でした（おつかれさまでした）⑦
够累的, 辛苦了 _____

30 | お先に失礼します（おさきにしつれいします）⑩
我先走了, 我先告辞了 _____

31 | 歩いて（あるいて）②
步行 _____

32 | 大変ですね（たいへんですね）⑤
真不容易, 够受的, 不得了 _____

一、请写出假名对应的日语汉字

01 | よなか _____

02 | らいげつ _____

03 | せんげつ _____

04 | ともだち _____

05 | おとうと _____

06 | でんしゃ _____

07 | ひこうき _____

08 | なつやすみ _____

09 | こどものひ _____

10 | たんじょうび _____

11 | しんかんせん _____

12 | びじゅつかん _____

13 | こうつうきかん _____

14 | きます _____

15 | いきます _____

16 | かえります _____

17 | あるいて _____

18 | たいへんですね _____

19 | おつかれさまでした _____

20 | おさきにしつれいします _____

二、请写出日语汉字对应的假名

01 | 弟 _____

02 | 友達 _____

03 | 来月 _____

04 | 先月 _____

05 | 夜中 _____

06 | 電車 _____

07 | 夏休み _____

08 | 歩いて _____

09 | 誕生日 _____

10 | 新幹線 _____

11 | 飛行機 _____

12 | 美術館 _____

13 | 交通機関 _____

14 | こどもの日 _____

15 | 来ます _____

16 | 行きます _____

17 | 帰ります _____

18 | お疲れ様でした _____

19 | お先に失礼します _____

20 | 大変ですね _____

三、请写出中文对应的日语单词或表达

01 昨天晚上 _____

02 音乐会 _____

03 美术馆 _____

04 家 _____

05 公寓 _____

06 游泳池 _____

07 生日 _____

08 下个月 _____

09 上个月 _____

10 午夜，半夜 _____

11 圣诞节 _____

12 儿童节 _____

13 暑假 _____

14 新干线 _____

15 飞机 _____

16 渡轮 _____

17 电车 _____

18 出租车 _____

19 公共汽车 _____

20 交通工具 _____

21 弟弟 _____

22 朋友 _____

23 一起 _____

24 去 _____

25 来 _____

26 回来，回去 _____

27 径直，笔直 _____

28 好像是，大概；的确 _____

29 我先走了，我先告辞了 _____

30 真不容易，够受的，不得了 _____

四、听写练习 音频

01 _____ 02 _____ 03 _____ 04 _____

05 _____ 06 _____ 07 _____ 08 _____

09 _____ 10 _____ 11 _____ 12 _____

13 _____ 14 _____ 15 _____ 16 _____

返记词汇列表

01 □ 来月

02 □ 先月

03 □ 夜中

04 □ ゆうべ

05 □ コンサート

06 □ クリスマス

07 □ 誕生日

08 □ こどもの日

09 □ 夏休み

10 □ 交通機関

11 □ 新幹線

12 □ 飛行機

13 □ フェリー

14 □ 電車

15 □ バス

16	☐ タクシー	22	☐ 弟	28	☐ いっしょに
17	☐ 美術館	23	☐ 行きます	29	☐ お疲れ様でした
18	☐ アパート	24	☐ 帰ります	30	☐ お先に失礼します
19	☐ うち	25	☐ 来ます	31	☐ 歩いて
20	☐ プール	26	☐ たしか	32	☐ 大変ですね
21	☐ 友達	27	☐ まっすぐ		

第7課

音频

🪭 重点单词学一学

01 コーヒー ③
[名] 咖啡 _____

02 コーラ ①
[名] 可乐 _____

03 お茶（おちゃ）⓪
[名] 茶 _____

04 ワイン ①
[名] 葡萄酒 _____

05 パン ①
[名] 面包 _____

06 ケーキ ①
[名] 蛋糕 _____

07 お粥（おかゆ）⓪
[名] 粥 _____

08 昼ご飯（ひるごはん）③
[名] 午饭 _____

09 お弁当（おべんとう）⓪
[名] 盒饭 _____

10 そば ①
[名] 荞麦面 _____

11 うどん ⓪
[名] 面条 _____

12 カレー ⓪
[名] 咖喱（饭）_____

13 卵（たまご）②
[名] 鸡蛋 _____

14 チーズ ①
[名] 干酪 _____

15 リンゴ ⓪
[名] 苹果 _____

16 イチゴ ⓪
[名] 草莓 _____

17 テニス ①
[名] 网球 _____

18 ジョギング ⓪
[名] 慢跑，跑步 _____

19 サッカー ①
[名] 足球 _____

20 野球（やきゅう）⓪
[名] 棒球 _____

21 申込書（もうしこみしょ）⑥
[名] 申请书 ＿＿＿＿＿＿＿＿

22 手紙（てがみ）⓪
[名] 信 ＿＿＿＿＿＿＿＿

23 音楽（おんがく）①
[名] 音乐 ＿＿＿＿＿＿＿＿

24 映画（えいが）⓪
[名] 电影 ＿＿＿＿＿＿＿＿

25 動物園（どうぶつえん）④
[名] 动物园 ＿＿＿＿＿＿＿＿

26 パンダ①
[名] 熊猫 ＿＿＿＿＿＿＿＿

27 飲みます（のみます）③
[动1] 喝 ＿＿＿＿＿＿＿＿

28 買います（かいます）③
[动1] 买 ＿＿＿＿＿＿＿＿

29 撮ります（とります）③
[动1] 拍照，拍摄 ＿＿＿＿＿＿＿＿

30 書きます（かきます）③
[动1] 写 ＿＿＿＿＿＿＿＿

31 読みます（よみます）③
[动1] 读 ＿＿＿＿＿＿＿＿

32 聞きます（ききます）③
[动1] 听 ＿＿＿＿＿＿＿＿

33 食べます（たべます）③
[动2] 吃 ＿＿＿＿＿＿＿＿

34 見ます（みます）②
[动2] 看 ＿＿＿＿＿＿＿＿

35 します②
[动3] 干，做 ＿＿＿＿＿＿＿＿

36 掃除します（そうじします）⑤
[动3] 打扫，扫除 ＿＿＿＿＿＿＿＿

37 これから⓪
[副] 从现在起，今后 ＿＿＿＿＿＿＿＿

38 じゃあ①／では①
[连] 那么 ＿＿＿＿＿＿＿＿

39 いらっしゃいませ⑥
欢迎光临 ＿＿＿＿＿＿＿＿

40 失礼します（しつれいします）②
告辞了，我走了 ＿＿＿＿＿＿＿＿

41 失礼しました（しつれいしました）②
打搅了，失礼了 ＿＿＿＿＿＿＿＿

42 いってまいります⑦
我走了 ＿＿＿＿＿＿＿＿

43 いってきます⑤
我走了 ＿＿＿＿＿＿＿＿

44 いってらっしゃい⑥
你走好 ＿＿＿＿＿＿＿＿

45 ただいま④
我回来了 ＿＿＿＿＿＿＿＿

46 お帰りなさい（おかえりなさい）⑥
你回来了 ＿＿＿＿＿＿＿＿

47 かしこまりました⑥
我知道了 ＿＿＿＿＿＿＿＿

48 お邪魔します（おじゃまします）⑤
打扰了 ＿＿＿＿＿＿＿＿

49 ください③
给我 ＿＿＿＿＿＿＿＿

50 午前中（ごぜんちゅう）⓪
上午 ＿＿＿＿＿＿＿＿

一、请写出假名对应的日语汉字

01 おちゃ ＿＿＿＿＿＿
02 おかゆ ＿＿＿＿＿＿
03 おべんとう ＿＿＿＿＿＿
04 たまご ＿＿＿＿＿＿
05 ひるごはん ＿＿＿＿＿＿
06 やきゅう ＿＿＿＿＿＿
07 てがみ ＿＿＿＿＿＿
08 えいが ＿＿＿＿＿＿
09 おんがく ＿＿＿＿＿＿
10 どうぶつえん ＿＿＿＿＿＿

11 もうしこみしょ ＿＿＿＿＿＿
12 みます ＿＿＿＿＿＿
13 よみます ＿＿＿＿＿＿
14 のみます ＿＿＿＿＿＿
15 たべます ＿＿＿＿＿＿
16 かいます ＿＿＿＿＿＿
17 かきます ＿＿＿＿＿＿
18 ききます ＿＿＿＿＿＿
19 とります ＿＿＿＿＿＿
20 そうじします ＿＿＿＿＿＿

二、请写出日语汉字对应的假名

01 卵 ＿＿＿＿＿＿
02 お茶 ＿＿＿＿＿＿
03 お粥 ＿＿＿＿＿＿
04 お弁当 ＿＿＿＿＿＿
05 野球 ＿＿＿＿＿＿
06 手紙 ＿＿＿＿＿＿
07 音楽 ＿＿＿＿＿＿
08 映画 ＿＿＿＿＿＿
09 申込書 ＿＿＿＿＿＿
10 動物園 ＿＿＿＿＿＿

11 書きます ＿＿＿＿＿＿
12 買います ＿＿＿＿＿＿
13 撮ります ＿＿＿＿＿＿
14 読みます ＿＿＿＿＿＿
15 聞きます ＿＿＿＿＿＿
16 掃除します ＿＿＿＿＿＿
17 失礼します ＿＿＿＿＿＿
18 お邪魔します ＿＿＿＿＿＿
19 お帰りなさい ＿＿＿＿＿＿
20 午前中 ＿＿＿＿＿＿

三、请写出中文对应的日语单词或表达

01 咖啡 ＿＿＿＿＿＿
02 可乐 ＿＿＿＿＿＿
03 葡萄酒 ＿＿＿＿＿＿
04 面包 ＿＿＿＿＿＿
05 蛋糕 ＿＿＿＿＿＿
06 荞麦面 ＿＿＿＿＿＿

07 面条 ＿＿＿＿＿＿
08 咖喱（饭） ＿＿＿＿＿＿
09 干酪 ＿＿＿＿＿＿
10 苹果 ＿＿＿＿＿＿
11 草莓 ＿＿＿＿＿＿
12 网球 ＿＿＿＿＿＿

13 | 足球 _____
14 | 慢跑，跑步 _____
15 | 熊猫 _____
16 | 拍照，拍摄 _____
17 | 干，做 _____
18 | 打扫，扫除 _____
19 | 从现在起，今后 _____
20 | 那么 _____
21 | 欢迎光临 _____

22 | 我走了 _____
23 | 你走好 _____
24 | 我回来了 _____
25 | 你回来了 _____
26 | 我知道了 _____
27 | 给我 _____
28 | 告辞了，我走了 _____
29 | 打扰了，失礼了 _____
30 | 打扰了 _____

四、听写练习　音频

01 | _____ 02 | _____ 03 | _____ 04 | _____

05 | _____ 06 | _____ 07 | _____ 08 | _____

09 | _____ 10 | _____ 11 | _____ 12 | _____

13 | _____ 14 | _____ 15 | _____ 16 | _____

返记词汇列表

01 | □ コーヒー
02 | □ コーラ
03 | □ お茶
04 | □ ワイン
05 | □ パン
06 | □ ケーキ
07 | □ お粥
08 | □ 昼ご飯
09 | □ お弁当
10 | □ そば
11 | □ うどん
12 | □ カレー

13 | □ 卵
14 | □ チーズ
15 | □ リンゴ
16 | □ イチゴ
17 | □ テニス
18 | □ ジョギング
19 | □ サッカー
20 | □ 野球
21 | □ 申込書
22 | □ 手紙
23 | □ 音楽
24 | □ 映画

25 | □ 動物園
26 | □ パンダ
27 | □ 飲みます
28 | □ 買います
29 | □ 撮ります
30 | □ 書きます
31 | □ 読みます
32 | □ 聞きます
33 | □ 食べます
34 | □ 見ます
35 | □ します
36 | □ 掃除します

37	☐ これから	42	☐ いってまいります	47	☐ かしこまりました
38	☐ じゃあ / では	43	☐ いってきます	48	☐ お邪魔します
39	☐ いらっしゃいませ	44	☐ いってらっしゃい	49	☐ ください
40	☐ 失礼します	45	☐ ただいま	50	☐ 午前中
41	☐ 失礼しました	46	☐ お帰りなさい		

第 8 课　音频

🪭 重点单词学一学

01 プレゼント ②
[名] 礼物 _____

02 チケット ①
[名] 票 _____

03 パンフレット ①
[名] 小册子 _____

04 記念品 (きねんひん) ⓪
[名] 纪念品 _____

05 スケジュール表 (スケジュールひょう) ⓪
[名] 日程表 _____

06 写真集 (しゃしんしゅう) ②
[名] 影集 _____

07 花 (はな) ②
[名] 花 _____

08 お金 (おかね) ⓪
[名] 钱, 金钱 _____

09 ボールペン ⓪
[名] 圆珠笔 _____

10 宿題 (しゅくだい) ⓪
[名] 作业 _____

11 航空便 (こうくうびん) ⓪
[名] 航空邮件 _____

12 速達 (そくたつ) ⓪
[名] 速递, 快件 _____

13 ファックス ①
[名] 传真 _____

14 メール ⓪
[名] 邮件 _____

15 電話番号 (でんわばんごう) ④
[名] 电话号码 _____

16 住所 (じゅうしょ) ①
[名] 住址 _____

17 名前 (なまえ) ⓪
[名] 姓名 _____

18 件 (けん) ①
[名] 事件, 事情 _____

19 新聞紙 (しんぶんし) ③
[名] 报纸 _____

20 紙飛行機 (かみひこうき) ④
[名] 纸折的飞机 _____

21 チョコレート③
[名] 巧克力 _____

22 アイスクリーム⑤
[名] 冰激凌 _____

23 小麦粉（こむぎこ）⓪
[名] 面粉 _____

24 はし①
[名] 筷子 _____

25 スプーン②
[名] 勺子 _____

26 お兄さん（おにいさん）②
[名] 哥哥 _____

27 韓国語（かんこくご）⓪
[名] 韩语 _____

28 夕方（ゆうがた）⓪
[名] 傍晚 _____

29 昼休み（ひるやすみ）③
[名] 午休 _____

30 もらいます④
[动1] 拿到，得到 _____

31 会います（あいます）③
[动1] 见 _____

32 送ります（おくります）④
[动1] 寄 _____

33 作ります（つくります）④
[动1] 做，制造 _____

34 太ります（ふとります）④
[动1] 胖 _____

35 出します（だします）③
[动1] 寄（信） _____

36 届きます（とどきます）④
[动1] 收到，送到，寄到 _____

37 かきます③
[动1] 画 _____

38 貸します（かします）③
[动1] 借出，借给 _____

39 習います（ならいます）④
[动1] 学习 _____

40 あげます③
[动2] 给 _____

41 かけます③
[动2] 打（电话） _____

42 借ります（かります）③
[动2]（向别人）借 _____

43 教えます（おしえます）④
[动2] 教 _____

44 もう①
[副] 已经 _____

45 さっき①
[副] 刚才 _____

46 たった今（たったいま）④
[副] 刚刚 _____

47 もう一度（もういちど）⓪
[副] 再一次 _____

48 前に（まえに）①
[副] 以前 _____

49 どうですか①
怎样，如何 _____

50 お願いします（おねがいします）⑥
拜托了 _____

51 分かりました（わかりました）④
明白了 _____

52 よかったです①
太好了 _____

一、请写出假名对应的日语汉字

01　はな ＿＿＿＿＿＿＿
02　おかね ＿＿＿＿＿＿＿
03　けん ＿＿＿＿＿＿＿
04　なまえ ＿＿＿＿＿＿＿
05　じゅうしょ ＿＿＿＿＿＿＿
06　でんわばんごう ＿＿＿＿＿＿＿
07　ゆうがた ＿＿＿＿＿＿＿
08　ひるやすみ ＿＿＿＿＿＿＿
09　かんこくご ＿＿＿＿＿＿＿
10　そくたつ ＿＿＿＿＿＿＿

11　きねんひん ＿＿＿＿＿＿＿
12　しゅくだい ＿＿＿＿＿＿＿
13　こうくうびん ＿＿＿＿＿＿＿
14　しんぶんし ＿＿＿＿＿＿＿
15　しゃしんしゅう ＿＿＿＿＿＿＿
16　かします ＿＿＿＿＿＿＿
17　ふとります ＿＿＿＿＿＿＿
18　ならいます ＿＿＿＿＿＿＿
19　とどきます ＿＿＿＿＿＿＿
20　もういちど ＿＿＿＿＿＿＿

二、请写出日语汉字对应的假名

01　花 ＿＿＿＿＿＿＿
02　宿題 ＿＿＿＿＿＿＿
03　名前 ＿＿＿＿＿＿＿
04　住所 ＿＿＿＿＿＿＿
05　小麦粉 ＿＿＿＿＿＿＿
06　紙飛行機 ＿＿＿＿＿＿＿
07　お兄さん ＿＿＿＿＿＿＿
08　電話番号 ＿＿＿＿＿＿＿
09　スケジュール表 ＿＿＿＿＿＿＿
10　会います ＿＿＿＿＿＿＿

11　送ります ＿＿＿＿＿＿＿
12　作ります ＿＿＿＿＿＿＿
13　出します ＿＿＿＿＿＿＿
14　借ります ＿＿＿＿＿＿＿
15　貸します ＿＿＿＿＿＿＿
16　教えます ＿＿＿＿＿＿＿
17　たった今 ＿＿＿＿＿＿＿
18　前に ＿＿＿＿＿＿＿
19　お願いします ＿＿＿＿＿＿＿
20　分かりました ＿＿＿＿＿＿＿

三、请写出中文对应的日语单词或表达

01　票 ＿＿＿＿＿＿＿
02　礼物 ＿＿＿＿＿＿＿
03　影集 ＿＿＿＿＿＿＿
04　纪念品 ＿＿＿＿＿＿＿
05　小册子 ＿＿＿＿＿＿＿
06　圆珠笔 ＿＿＿＿＿＿＿

07　传真 ＿＿＿＿＿＿＿
08　邮件 ＿＿＿＿＿＿＿
09　巧克力 ＿＿＿＿＿＿＿
10　冰激凌 ＿＿＿＿＿＿＿
11　筷子 ＿＿＿＿＿＿＿
12　勺子 ＿＿＿＿＿＿＿

13 傍晚 _____	22 收到，送到，寄到 _____
14 见 _____	23 借出，借给 _____
15 画 _____	24 （向别人）借 _____
16 胖 _____	25 做，制造 _____
17 教 _____	26 学习 _____
18 给 _____	27 打（电话）_____
19 拿到，得到 _____	28 已经 _____
20 寄 _____	29 怎样，如何 _____
21 寄（信）_____	30 太好了 _____

四、听写练习 音频

01 _____	02 _____	03 _____	04 _____
05 _____	06 _____	07 _____	08 _____
09 _____	10 _____	11 _____	12 _____
13 _____	14 _____	15 _____	16 _____

返记词汇列表

01 ☐ プレゼント	13 ☐ ファックス	25 ☐ スプーン
02 ☐ チケット	14 ☐ メール	26 ☐ お兄さん
03 ☐ パンフレット	15 ☐ 電話番号	27 ☐ 韓国語
04 ☐ 記念品	16 ☐ 住所	28 ☐ 夕方
05 ☐ スケジュール表	17 ☐ 名前	29 ☐ 昼休み
06 ☐ 写真集	18 ☐ 件	30 ☐ もらいます
07 ☐ 花	19 ☐ 新聞紙	31 ☐ 会います
08 ☐ お金	20 ☐ 紙飛行機	32 ☐ 送ります
09 ☐ ボールペン	21 ☐ チョコレート	33 ☐ 作ります
10 ☐ 宿題	22 ☐ アイスクリーム	34 ☐ 太ります
11 ☐ 航空便	23 ☐ 小麦粉	35 ☐ 出します
12 ☐ 速達	24 ☐ はし	36 ☐ 届きます

37	□ かきます	43	□ 教えます	48	□ 前に
38	□ 貸します	44	□ もう	49	□ どうですか
39	□ 習います	45	□ さっき	50	□ お願いします
40	□ あげます	46	□ たった今	51	□ 分かりました
41	□ かけます	47	□ もう一度	52	□ よかったです
42	□ 借ります				

单元测试（二）

もんだい1 _____の　ことばは　ひらがなで　どう　かきますか。1・2・3・4から　いちばん　いい　ものを　ひとつ　えらんで　ください。

[1] 私はいつも朝七時に<u>学校</u>へ行きます。

　　1. かくこう　　　　2. がくこう　　　　3. かっこう　　　　4. がっこう

[2] 森さんは毎朝何時に<u>起きます</u>か。

　　1. おきます　　　　2. いきます　　　　3. かきます　　　　4. はたらきます

[3] 上海まで<u>飛行機</u>で行きます。

　　1. びこうき　　　　2. びこき　　　　3. ひこうき　　　　4. ひこき

[4] 李さんは図書館で<u>勉強</u>します。

　　1. そうじ　　　　2. べんきょう　　　　3. しゅっちょう　　　　4. しゅちょう

[5] ファックスで<u>申込書</u>を送ります。

　　1. そくだつ　　　　2. しんぶんし　　　　3. もうしこみしょ　　　　4. しゅくだい

もんだい2 _____の　ことばは　どう　かきますか。1・2・3・4から　いちばん　いい　ものを　ひとつ　えらんで　ください。

[1] 森さんは<u>せんしゅう</u>休みました。

　　1. 先週　　　　2. 来週　　　　3. 先月　　　　4. 来月

[2] 試験は今週の<u>きんようび</u>です。

　　1. 月曜日　　　　2. 火曜日　　　　3. 土曜日　　　　4. 金曜日

[3] 李さんは先月<u>しんかんせん</u>で大阪へ行きました。

　　1. 飛行機　　　　2. 新幹線　　　　3. 車　　　　　4. 交通機関

[4] 私は昨日友達と<u>えいが</u>を見ました。

　　1. 音楽　　　　　2. 映画　　　　　3. 手紙　　　　4. 雑誌

[5] 私は小野さんに<u>おみやげ</u>をあげました。

　　1. お土産　　　　2. お金　　　　　3. お粥　　　　4. お弁当

もんだい３　（　　）に　なにを　いれますか。１・２・３・４から　いちばん　いい　もの　を　ひとつ　えらんで　ください。

[1] 李さんは（　　　）何時に起きますか。

　　1. いつ　　　　　2. いくら　　　　3. だれ　　　　4. いつも

[2] 私はバスで家へ（　　　）。

　　1. いきます　　　2. かいます　　　3. みます　　　4. かえります

[3] 森さんは毎朝パンかケーキを（　　　）。

　　1. よみます　　　2. だします　　　3. たべます　　　4. のみます

[4] 昨日、李さんは何時に（　　　）へ帰りましたか。

　　1. アパート　　　2. チケット　　　3. ジョギング　　4. エレベーター

[5] A:「いってきます。」

　　B:「（　　　）。」

　　1. いってまいります　　　　　　　2. いってらっしゃい

　　3. いらっしゃいませ　　　　　　　4. おかえりなさい

第9课

 音频

🪭 **重点单词学一学**

01 | 料理（りょうり）①
　　［名］菜肴，饭菜 _____

02 | スープ①
　　［名］汤 _____

03 | 食べ物（たべもの）③
　　［名］食物，食品 _____

04 | 温泉（おんせん）⓪
　　［名］温泉 _____

05 | お湯（おゆ）⓪
　　［名］热水，开水 _____

06 | 水（みず）⓪
　　［名］水，凉水 _____

07 | 浴衣（ゆかた）⓪
　　［名］浴衣，夏季和服 _____

08 | 眺め（ながめ）③
　　［名］景色，风景 _____

09 | 薬（くすり）⓪
　　［名］药 _____

10 | 天気（てんき）①
　　［名］天气 _____

11 | 海（うみ）①
　　［名］大海 _____

12 | 山（やま）②
　　［名］山 _____

13 | 紙（かみ）②
　　［名］纸 _____

14 | ニュース①
　　［名］新闻 _____

15 | 女性（じょせい）⓪
　　［名］女性 _____

16 | お客様（おきゃくさま）④
　　［名］来宾 _____

17 | グラス①
　　［名］玻璃杯 _____

18 | 歌舞伎（かぶき）⓪
　　［名］歌舞伎 _____

19 | 気持ち（きもち）⓪
　　［名］心情 _____

20 | たくさん③
　　［名］很多 _____

21 | 辛い（からい）②
　　［形1］辣的 _____

22 | 甘い（あまい）⓪
　　［形1］甜的 _____

23 | 塩辛い（しおからい）④／しょっぱい③
　　［形1］咸的 _____

24 | 酸っぱい（すっぱい）③
　　［形1］酸的 _____

25 苦い（にがい）②
[形1] 苦的 _____

26 おいしい ⓪
[形1] 好吃的，可口的 _____

27 まずい ②
[形1] 不好吃的，难吃的

_____

28 熱い（あつい）②
[形1] 热的，烫的 _____

29 冷たい（つめたい）⓪
[形1] 凉的 _____

30 楽しい（たのしい）③
[形1] 愉快的,快乐的 _____

31 おもしろい ④
[形1] 有趣的，有意思的

_____

32 つまらない ③
[形1] 无聊的 _____

33 広い（ひろい）②
[形1] 广阔的，宽敞的 _____

34 狭い（せまい）②
[形1] 狭窄的 _____

35 大きい（おおきい）③
[形1] 大的 _____

36 小さい（ちいさい）③
[形1] 小的 _____

37 忙しい（いそがしい）④
[形1] 忙的，忙碌的 _____

38 いい ①
[形1] 好的 _____

39 悪い（わるい）②
[形1] 不好的，坏的 _____

40 すばらしい ④
[形1] 极好的，绝佳的 _____

41 遠い（とおい）⓪
[形1] 远的 _____

42 近い（ちかい）②
[形1] 近的 _____

43 高い（たかい）②
[形1] 高的；贵的 _____

44 低い（ひくい）②
[形1] 低的 _____

45 安い（やすい）②
[形1] 便宜的 _____

46 寒い（さむい）②
[形1] 寒冷的 _____

47 暑い（あつい）②
[形1]（天气）热的 _____

48 青い（あおい）②
[形1] 蓝色的 _____

49 白い（しろい）②
[形1] 白色的 _____

50 新しい（あたらしい）④
[形1] 新的 _____

51 古い（ふるい）②
[形1] 旧的 _____

52 難しい（むずかしい）⓪
[形1] 难的 _____

53 易しい（やさしい）⓪
[形1] 容易的 _____

54 多い（おおい）①
[形1] 多的 _____

55 少ない（すくない）③
[形1] 少的 _____

56 かわいい ③
[形1] 可爱的 _____

57 本当に（ほんとうに）⓪
[副] 真的，实在是 _____

58 あまり ⓪ [副] 不（太）……，不很…… _____	61 全然（ぜんぜん）⓪ [副] 根本（不），全然（不） _____
59 とても ⓪／たいへん ⓪ [副] 很，非常 _____	62 ちょうど ⓪ [副] 正好，恰好 _____
60 少し（すこし）②／ちょっと ① [副] 一点儿 _____	63 気持ちがいい（きもちがいい）⓪＋① 感觉舒服，心情愉快 _____

一、请写出假名对应的日语汉字

01 みず _____		11 ちかい _____	
02 おゆ _____		12 たかい _____	
03 くすり _____		13 ひくい _____	
04 てんき _____		14 やさしい _____	
05 きもち _____		15 むずかしい _____	
06 ながめ _____		16 わるい _____	
07 りょうり _____		17 からい _____	
08 たべもの _____		18 あまい _____	
09 じょせい _____		19 にがい _____	
10 とおい _____		20 しおからい _____	

二、请写出日语汉字对应的假名

01 山 _____		11 暑い _____	
02 海 _____		12 寒い _____	
03 紙 _____		13 広い _____	
04 浴衣 _____		14 狭い _____	
05 温泉 _____		15 大きい _____	
06 歌舞伎 _____		16 小さい _____	
07 お客様 _____		17 多い _____	
08 酸っぱい _____		18 少ない _____	
09 熱い _____		19 忙しい _____	
10 冷たい _____		20 楽しい _____	

三、请写出中文对应的日语单词或表达

01 | 汤 ＿＿＿＿＿＿＿
02 | 热水，开水 ＿＿＿＿＿＿＿
03 | 水，凉水 ＿＿＿＿＿＿＿
04 | 山 ＿＿＿＿＿＿＿
05 | 大海 ＿＿＿＿＿＿＿
06 | 新闻 ＿＿＿＿＿＿＿
07 | 玻璃杯 ＿＿＿＿＿＿＿
08 | 很多 ＿＿＿＿＿＿＿
09 | 好吃的，可口的 ＿＿＿＿＿＿＿
10 | 不好吃的，难吃的 ＿＿＿＿＿＿＿
11 | 有趣的，有意思的 ＿＿＿＿＿＿＿
12 | 无聊的 ＿＿＿＿＿＿＿
13 | 可爱的 ＿＿＿＿＿＿＿
14 | 极好的，绝佳的 ＿＿＿＿＿＿＿
15 | 好的 ＿＿＿＿＿＿＿

16 | 不好的，坏的 ＿＿＿＿＿＿＿
17 | 高的；贵的 ＿＿＿＿＿＿＿
18 | 便宜的 ＿＿＿＿＿＿＿
19 | 低的 ＿＿＿＿＿＿＿
20 | 蓝色的 ＿＿＿＿＿＿＿
21 | 白色的 ＿＿＿＿＿＿＿
22 | 新的 ＿＿＿＿＿＿＿
23 | 旧的 ＿＿＿＿＿＿＿
24 | 真的，实在是 ＿＿＿＿＿＿＿
25 | 不(太)……，不很…… ＿＿＿＿＿＿＿
26 | 很，非常 ＿＿＿＿＿＿＿
27 | 一点儿 ＿＿＿＿＿＿＿
28 | 根本(不)，全然(不) ＿＿＿＿＿＿＿
29 | 正好，恰好 ＿＿＿＿＿＿＿
30 | 感觉舒服，心情愉快 ＿＿＿＿＿＿＿

四、听写练习

01 ＿＿＿＿＿ 02 ＿＿＿＿＿ 03 ＿＿＿＿＿ 04 ＿＿＿＿＿

05 ＿＿＿＿＿ 06 ＿＿＿＿＿ 07 ＿＿＿＿＿ 08 ＿＿＿＿＿

09 ＿＿＿＿＿ 10 ＿＿＿＿＿ 11 ＿＿＿＿＿ 12 ＿＿＿＿＿

13 ＿＿＿＿＿ 14 ＿＿＿＿＿ 15 ＿＿＿＿＿ 16 ＿＿＿＿＿

返记词汇列表

01 □ 料理
02 □ スープ
03 □ 食べ物
04 □ 温泉
05 □ お湯
06 □ 水

07 □ 浴衣
08 □ 眺め
09 □ 薬
10 □ 天気
11 □ 海
12 □ 山

13 □ 紙
14 □ ニュース
15 □ 女性
16 □ お客様
17 □ グラス
18 □ 歌舞伎

19	☐ 気持ち	34	☐ 狭い	49	☐ 白い
20	☐ たくさん	35	☐ 大きい	50	☐ 新しい
21	☐ 辛い	36	☐ 小さい	51	☐ 古い
22	☐ 甘い	37	☐ 忙しい	52	☐ 難しい
23	☐ 塩辛い / しょっぱい	38	☐ いい	53	☐ 易しい
24	☐ 酸っぱい	39	☐ 悪い	54	☐ 多い
25	☐ 苦い	40	☐ すばらしい	55	☐ 少ない
26	☐ おいしい	41	☐ 遠い	56	☐ かわいい
27	☐ まずい	42	☐ 近い	57	☐ 本当に
28	☐ 熱い	43	☐ 高い	58	☐ あまり
29	☐ 冷たい	44	☐ 低い	59	☐ とても / たいへん
30	☐ 楽しい	45	☐ 安い	60	☐ 少し / ちょっと
31	☐ おもしろい	46	☐ 寒い	61	☐ 全然
32	☐ つまらない	47	☐ 暑い	62	☐ ちょうど
33	☐ 広い	48	☐ 青い	63	☐ 気持ちがいい

第10课

音频

🪭 重点单词学一学

01 紅葉（もみじ）①
[名] 红叶 ＿＿＿＿＿＿＿＿

02 故郷（こきょう）①
[名] 故乡 ＿＿＿＿＿＿＿＿

03 通り（とおり）③
[名] 大街 ＿＿＿＿＿＿＿＿

04 町（まち）②
[名] 城市；街道 ＿＿＿＿＿＿＿

05 所（ところ）③
[名] 场所 ＿＿＿＿＿＿＿＿

06 お店（おみせ）⓪
[名] 餐馆；商店 ＿＿＿＿＿＿＿

07 人形（にんぎょう）⓪
[名] 玩偶 ＿＿＿＿＿＿＿＿

08 作品（さくひん）⓪
[名] 作品 ＿＿＿＿＿＿＿＿

09 彫刻（ちょうこく）⓪
[名] 雕刻 ＿＿＿＿＿＿＿＿

10 自動車（じどうしゃ）②
[名] 汽车 ＿＿＿＿＿＿＿＿

11 道具 （どうぐ）③
    ［名］工具 ＿＿＿＿＿＿＿＿

12 魚 （さかな）⓪
    ［名］鱼 ＿＿＿＿＿＿＿＿

13 お菓子 （おかし）②
    ［名］点心 ＿＿＿＿＿＿＿＿

14 物 （もの）②
    ［名］物品，东西 ＿＿＿＿＿＿＿＿

15 シーズン ①
    ［名］季节 ＿＿＿＿＿＿＿＿

16 修学旅行 （しゅうがくりょこう）⑤
    ［名］修学旅行 ＿＿＿＿＿＿＿＿

17 観光客 （かんこうきゃく）③
    ［名］游客 ＿＿＿＿＿＿＿＿

18 作家 （さっか）⓪
    ［名］作家 ＿＿＿＿＿＿＿＿

19 部長 （ぶちょう）⓪
    ［名］部长 ＿＿＿＿＿＿＿＿

20 平日 （へいじつ）⓪
    ［名］平日，非休息日 ＿＿＿＿＿＿＿＿

21 日 （ひ）①
    ［名］日子 ＿＿＿＿＿＿＿＿

22 生活 （せいかつ）⓪
    ［名］生活 ＿＿＿＿＿＿＿＿

23 世界 （せかい）①
    ［名］世界 ＿＿＿＿＿＿＿＿

24 晴れ （はれ）②
    ［名］晴天 ＿＿＿＿＿＿＿＿

25 雨 （あめ）①
    ［名］雨，下雨 ＿＿＿＿＿＿＿＿

26 曇り （くもり）③
    ［名］阴天 ＿＿＿＿＿＿＿＿

27 雪 （ゆき）②
    ［名］雪 ＿＿＿＿＿＿＿＿

28 汚い （きたない）③
    ［形1］脏的 ＿＿＿＿＿＿＿＿

29 きれい ①
    ［形2］漂亮的；干净的 ＿＿＿＿＿＿＿＿

30 有名 （ゆうめい）⓪
    ［形2］有名的 ＿＿＿＿＿＿＿＿

31 にぎやか ②
    ［形2］热闹的，繁华的 ＿＿＿＿＿＿＿＿

32 静か （しずか）①
    ［形2］安静的 ＿＿＿＿＿＿＿＿

33 暇 （ひま）⓪
    ［形2］空闲的 ＿＿＿＿＿＿＿＿

34 親切 （しんせつ）①
    ［形2］热情的 ＿＿＿＿＿＿＿＿

35 好き （すき）②
    ［形2］喜欢的 ＿＿＿＿＿＿＿＿

36 嫌い （きらい）⓪
    ［形2］讨厌的 ＿＿＿＿＿＿＿＿

37 便利 （べんり）①
    ［形2］方便的 ＿＿＿＿＿＿＿＿

38 不便 （ふべん）①
    ［形2］不方便的 ＿＿＿＿＿＿＿＿

39 元気 （げんき）①
    ［形2］健康的，有精神的 ＿＿＿＿＿＿＿＿

40 簡単 （かんたん）⓪
    ［形2］简单的 ＿＿＿＿＿＿＿＿

41 ハンサム ①
    ［形2］英俊的，帅气的 ＿＿＿＿＿＿＿＿

42 どんな ①
    ［疑］什么样的，怎样的 ＿＿＿＿＿＿＿＿

43 | どう ①
[副] 怎样，如何 ＿＿＿＿＿＿＿

44 | いかが ②
[副] 如何 ＿＿＿＿＿＿＿

45 | いろいろ ⓪
[副] 各种各样 ＿＿＿＿＿＿＿

46 | でも ①
[连] 可是，不过 ＿＿＿＿＿＿＿

47 | そして ⓪
[连] 而且，于是 ＿＿＿＿＿＿＿

48 | ところで ③
[连] （转换话题）哎 ＿＿＿＿＿＿＿

49 | もう少し（もうすこし）④
再……一点儿 ＿＿＿＿＿＿＿

一、请写出假名对应的日语汉字

01 | まち ＿＿＿＿＿＿＿

02 | はれ ＿＿＿＿＿＿＿

03 | あめ ＿＿＿＿＿＿＿

04 | ゆき ＿＿＿＿＿＿＿

05 | くもり ＿＿＿＿＿＿＿

06 | さかな ＿＿＿＿＿＿＿

07 | とおり ＿＿＿＿＿＿＿

08 | ところ ＿＿＿＿＿＿＿

09 | おかし ＿＿＿＿＿＿＿

10 | もみじ ＿＿＿＿＿＿＿

11 | ぶちょう ＿＿＿＿＿＿＿

12 | じどうしゃ ＿＿＿＿＿＿＿

13 | かんこうきゃく ＿＿＿＿＿＿＿

14 | きたない ＿＿＿＿＿＿＿

15 | すき ＿＿＿＿＿＿＿

16 | きらい ＿＿＿＿＿＿＿

17 | げんき ＿＿＿＿＿＿＿

18 | しずか ＿＿＿＿＿＿＿

19 | かんたん ＿＿＿＿＿＿＿

20 | しんせつ ＿＿＿＿＿＿＿

二、请写出日语汉字对应的假名

01 | 物 ＿＿＿＿＿＿＿

02 | 魚 ＿＿＿＿＿＿＿

03 | 日 ＿＿＿＿＿＿＿

04 | 平日 ＿＿＿＿＿＿＿

05 | お店 ＿＿＿＿＿＿＿

06 | 通り ＿＿＿＿＿＿＿

07 | 生活 ＿＿＿＿＿＿＿

08 | 世界 ＿＿＿＿＿＿＿

09 | 故郷 ＿＿＿＿＿＿＿

10 | 人形 ＿＿＿＿＿＿＿

11 | 彫刻 ＿＿＿＿＿＿＿

12 | 作家 ＿＿＿＿＿＿＿

13 | 作品 ＿＿＿＿＿＿＿

14 | 道具 ＿＿＿＿＿＿＿

15 | 自動車 ＿＿＿＿＿＿＿

16 | 修学旅行 ＿＿＿＿＿＿＿

17 | 暇 ＿＿＿＿＿＿＿

18 | 有名 ＿＿＿＿＿＿＿

19 | 便利 ＿＿＿＿＿＿＿

20 | 不便 ＿＿＿＿＿＿＿

三、请写出中文对应的日语单词或表达

01 城市；街道 _____   16 安静的 _____
02 餐馆；商店 _____   17 空闲的 _____
03 点心 _____   18 有名的 _____
04 季节 _____   19 热情的 _____
05 游客 _____   20 简单的 _____
06 作家 _____   21 方便的 _____
07 平日，非休息日 _____   22 不方便的 _____
08 阴天 _____   23 怎样，如何 _____
09 健康的，有精神的 _____   24 什么样的，怎样的 _____
10 英俊的，帅气的 _____   25 如何 _____
11 漂亮的；干净的 _____   26 各种各样 _____
12 脏的 _____   27 可是，不过 _____
13 喜欢的 _____   28 而且，于是 _____
14 讨厌的 _____   29 （转换话题）哎 _____
15 热闹的，繁华的 _____   30 再……一点儿 _____

四、听写练习

01 _____   02 _____   03 _____   04 _____

05 _____   06 _____   07 _____   08 _____

09 _____   10 _____   11 _____   12 _____

13 _____   14 _____   15 _____   16 _____

返记词汇列表

01 □ 紅葉   07 □ 人形   13 □ お菓子
02 □ 故郷   08 □ 作品   14 □ 物
03 □ 通り   09 □ 彫刻   15 □ シーズン
04 □ 町   10 □ 自動車   16 □ 修学旅行
05 □ 所   11 □ 道具   17 □ 観光客
06 □ お店   12 □ 魚   18 □ 作家

19	□ 部長	30	□ 有名	40	□ 簡単
20	□ 平日	31	□ にぎやか	41	□ ハンサム
21	□ 日	32	□ 静か	42	□ どんな
22	□ 生活	33	□ 暇	43	□ どう
23	□ 世界	34	□ 親切	44	□ いかが
24	□ 晴れ	35	□ 好き	45	□ いろいろ
25	□ 雨	36	□ 嫌い	46	□ でも
26	□ 曇り	37	□ 便利	47	□ そして
27	□ 雪	38	□ 不便	48	□ ところで
28	□ 汚い	39	□ 元気	49	□ もう少し
29	□ きれい				

音频

🪭 重点单词学一学

01 歌（うた）②
[名] 歌，歌曲 ＿＿＿＿＿＿＿

02 ピアノ ⓪
[名] 钢琴 ＿＿＿＿＿＿＿

03 絵（え）①
[名] 画儿 ＿＿＿＿＿＿＿

04 英語（えいご）⓪
[名] 英语 ＿＿＿＿＿＿＿

05 スペイン語（スペインご）⓪
[名] 西班牙语 ＿＿＿＿＿＿＿

06 スポーツ ②
[名] 体育，运动 ＿＿＿＿＿＿＿

07 水泳（すいえい）⓪
[名] 游泳 ＿＿＿＿＿＿＿

08 ゴルフ ①
[名] 高尔夫球 ＿＿＿＿＿＿＿

09 運転（うんてん）⓪
[名] 开车 ＿＿＿＿＿＿＿

10 飲み物（のみもの）②
[名] 饮料 ＿＿＿＿＿＿＿

11 お酒（おさけ）⓪
[名] 酒，酒类 ＿＿＿＿＿＿＿

12 肉（にく）②
[名] 肉 ＿＿＿＿＿＿＿

13 野菜（やさい）⓪
[名] 蔬菜 ＿＿＿＿＿＿＿

14 果物（くだもの）②
[名] 水果 ＿＿＿＿＿＿＿

15 ヒマワリ ②
  [名] 向日葵 ＿＿＿＿＿＿＿

16 バラ ⓪
  [名] 薔薇，玫瑰 ＿＿＿＿＿＿＿

17 コンピュータ ③
  [名] 计算机，电脑 ＿＿＿＿＿＿＿

18 窓 （まど） ①
  [名] 窗，窗户 ＿＿＿＿＿＿＿

19 結婚式 （けっこんしき） ③
  [名] 结婚典礼 ＿＿＿＿＿＿＿

20 写真展 （しゃしんてん） ②
  [名] 摄影展 ＿＿＿＿＿＿＿

21 旅館 （りょかん） ⓪
  [名] 旅馆，旅店 ＿＿＿＿＿＿＿

22 別荘 （べっそう） ③
  [名] 别墅 ＿＿＿＿＿＿＿

23 模様 （もよう） ⓪
  [名] 花纹，纹案 ＿＿＿＿＿＿＿

24 外国 （がいこく） ⓪
  [名] 外国 ＿＿＿＿＿＿＿

25 会議 （かいぎ） ①
  [名] 会议 ＿＿＿＿＿＿＿

26 脚 （あし） ②
  [名] 腿 ＿＿＿＿＿＿＿

27 ぼく ①
  [代] 我 (男性自称) ＿＿＿＿＿＿＿

28 分かります （わかります） ④
  [动1] 懂，明白 ＿＿＿＿＿＿＿

29 迷います （まよいます） ④
  [动1] 犹豫，难以决定
  ＿＿＿＿＿＿＿

30 できます ③
  [动2] 会；能；完成 ＿＿＿＿＿＿＿

31 閉めます （しめます） ③
  [动2] 关闭，关门 ＿＿＿＿＿＿＿

32 疲れます （つかれます） ④
  [动2] 疲倦，疲惫 ＿＿＿＿＿＿＿

33 散歩します （さんぽします） ⑤
  [动3] 散步 ＿＿＿＿＿＿＿

34 怖い （こわい） ②
  [形1] 害怕的，恐怖的 ＿＿＿＿＿＿＿

35 赤い （あかい） ⓪
  [形1] 红的 ＿＿＿＿＿＿＿

36 痛い （いたい） ②
  [形1] 疼的，疼痛的 ＿＿＿＿＿＿＿

37 上手 （じょうず） ③
  [形2] 擅长的，高明的，水平高的
  ＿＿＿＿＿＿＿

38 下手 （へた） ②
  [形2] 不高明的，水平低的
  ＿＿＿＿＿＿＿

39 苦手 （にがて） ⓪
  [形2] 不擅长的，不善于的
  ＿＿＿＿＿＿＿

40 時々 （ときどき） ⓪
  [副] 有时，时不时 ＿＿＿＿＿＿＿

41 よく ①
  [副] 经常，常常 ＿＿＿＿＿＿＿

42 たまに ⓪
  [副] 偶尔，很少 ＿＿＿＿＿＿＿

43 また ⓪
  [副] 还，再，又 ＿＿＿＿＿＿＿

44 どうして ①
  [副] 为什么 ＿＿＿＿＿＿＿

45 だから ①／ですから ①
  [连] 所以，因此 ＿＿＿＿＿＿＿

46 結構です（けっこうです）①
不用，不要 _____

47 気に入ります（きにいります）⑤
喜欢，中意 _____

一、请写出假名对应的日语汉字

01 うた _____
02 まど _____
03 あし _____
04 にく _____
05 おさけ _____
06 やさい _____
07 くだもの _____
08 のみもの _____
09 べっそう _____
10 りょかん _____

11 もよう _____
12 こわい _____
13 いたい _____
14 あかい _____
15 にがて _____
16 しめます _____
17 わかります _____
18 まよいます _____
19 つかれます _____
20 きにいります _____

二、请写出日语汉字对应的假名

01 絵 _____
02 英語 _____
03 スペイン語 _____
04 水泳 _____
05 運転 _____
06 野菜 _____
07 果物 _____
08 外国 _____
09 別荘 _____
10 旅館 _____

11 会議 _____
12 結婚式 _____
13 写真展 _____
14 疲れます _____
15 散歩します _____
16 上手 _____
17 下手 _____
18 苦手 _____
19 時々 _____
20 結構です _____

三、请写出中文对应的日语单词或表达

01 钢琴 _____
02 计算机，电脑 _____
03 花纹，纹案 _____
04 蔷薇，玫瑰 _____

05 向日葵 _____
06 窗户 _____
07 腿 _____
08 体育，运动 _____

09	开车 _____	20	擅长的，高明的，水平高的 _____
10	高尔夫球 _____	21	不高明的，水平低的 _____
11	饮料 _____	22	不擅长的，不善于的 _____
12	酒，酒类 _____	23	有时，时不时 _____
13	结婚典礼 _____	24	经常，常常 _____
14	我（男性自称） _____	25	偶尔，很少 _____
15	懂，明白 _____	26	还，再，又 _____
16	犹豫，难以决定 _____	27	为什么 _____
17	会；能；完成 _____	28	所以，因此 _____
18	关闭，关门 _____	29	不用，不要 _____
19	散步 _____	30	喜欢，中意 _____

四、听写练习 音频

01	_____	02	_____	03	_____	04	_____
05	_____	06	_____	07	_____	08	_____
09	_____	10	_____	11	_____	12	_____
13	_____	14	_____	15	_____	16	_____

返记词汇列表

01	☐ 歌	11	☐ お酒	21	☐ 旅館
02	☐ ピアノ	12	☐ 肉	22	☐ 別荘
03	☐ 絵	13	☐ 野菜	23	☐ 模様
04	☐ 英語	14	☐ 果物	24	☐ 外国
05	☐ スペイン語	15	☐ ヒマワリ	25	☐ 会議
06	☐ スポーツ	16	☐ バラ	26	☐ 脚
07	☐ 水泳	17	☐ コンピュータ	27	☐ ぼく
08	☐ ゴルフ	18	☐ 窓	28	☐ 分かります
09	☐ 運転	19	☐ 結婚式	29	☐ 迷います
10	☐ 飲み物	20	☐ 写真展	30	☐ できます

31	□ 閉めます	37	□ 上手	43	□ また
32	□ 疲れます	38	□ 下手	44	□ どうして
33	□ 散歩します	39	□ 苦手	45	□ だから / ですから
34	□ 怖い	40	□ 時々	46	□ 結構です
35	□ 赤い	41	□ よく	47	□ 気に入ります
36	□ 痛い	42	□ たまに		

音频

🪭 重点单词学一学

01 季節（きせつ）①
〔名〕季节 ＿＿＿＿＿＿＿＿＿

02 冬（ふゆ）②
〔名〕冬天，冬季 ＿＿＿＿＿＿＿＿＿

03 春（はる）①
〔名〕春天，春季 ＿＿＿＿＿＿＿＿＿

04 日本料理（にほんりょうり）④
〔名〕日式饭菜 ＿＿＿＿＿＿＿＿＿

05 寿司（すし）②
〔名〕寿司 ＿＿＿＿＿＿＿＿＿

06 ナシ②
〔名〕梨 ＿＿＿＿＿＿＿＿＿

07 バナナ①
〔名〕香蕉 ＿＿＿＿＿＿＿＿＿

08 ミカン①
〔名〕橘子 ＿＿＿＿＿＿＿＿＿

09 焼酎（しょうちゅう）③
〔名〕烧酒 ＿＿＿＿＿＿＿＿＿

10 日本酒（にほんしゅ）⓪
〔名〕日本酒 ＿＿＿＿＿＿＿＿＿

11 紅茶（こうちゃ）⓪
〔名〕红茶 ＿＿＿＿＿＿＿＿＿

12 ウーロン茶（ウーロンちゃ）③
〔名〕乌龙茶 ＿＿＿＿＿＿＿＿＿

13 ジャスミン茶（ジャスミンちゃ）③
〔名〕茉莉花茶 ＿＿＿＿＿＿＿＿＿

14 緑茶（りょくちゃ）⓪
〔名〕绿茶 ＿＿＿＿＿＿＿＿＿

15 ジュース①
〔名〕果汁 ＿＿＿＿＿＿＿＿＿

16 人気（にんき）⓪
〔名〕声望，受欢迎 ＿＿＿＿＿＿＿＿＿

17 席（せき）①
〔名〕座位，席位 ＿＿＿＿＿＿＿＿＿

18 クラス①
〔名〕班级 ＿＿＿＿＿＿＿＿＿

19 種類（しゅるい）①
〔名〕种类 ＿＿＿＿＿＿＿＿＿

20 背（せ）①
〔名〕个子 ＿＿＿＿＿＿＿＿＿

21 | 兄（あに）①
[名] 哥哥，兄长 ＿＿＿＿＿＿＿＿

22 | 最近（さいきん）⓪
[名] 最近，近来 ＿＿＿＿＿＿＿＿

23 | 降ります（ふります）③
[动1] 下（雨，雪），降（雨，雪）
＿＿＿＿＿＿＿＿

24 | 若い（わかい）②
[形1] 年轻的 ＿＿＿＿＿＿＿＿

25 | 暖かい（あたたかい）④
[形1] 暖和的，温暖的 ＿＿＿＿＿＿＿＿

26 | 涼しい（すずしい）③
[形1] 凉爽的 ＿＿＿＿＿＿＿＿

27 | 速い（はやい）②
[形1] 快的 ＿＿＿＿＿＿＿＿

28 | 大好き（だいすき）①
[形2] 非常喜欢的 ＿＿＿＿＿＿＿＿

29 | いちばん⓪
[副] 最，第一 ＿＿＿＿＿＿＿＿

30 | ずっと⓪
[副] ……得多 ＿＿＿＿＿＿＿＿

31 | やはり②／やっぱり③
[副] 仍然，还是 ＿＿＿＿＿＿＿＿

32 | 人気があります（にんきがあります）⑦
受欢迎 ＿＿＿＿＿＿＿＿

一、请写出假名对应的日语汉字

01 | はる ＿＿＿＿＿＿＿＿

02 | ふゆ ＿＿＿＿＿＿＿＿

03 | すし ＿＿＿＿＿＿＿＿

04 | せき ＿＿＿＿＿＿＿＿

05 | せ ＿＿＿＿＿＿＿＿

06 | あに ＿＿＿＿＿＿＿＿

07 | にんき ＿＿＿＿＿＿＿＿

08 | きせつ ＿＿＿＿＿＿＿＿

09 | さいきん ＿＿＿＿＿＿＿＿

10 | しゅるい ＿＿＿＿＿＿＿＿

11 | こうちゃ ＿＿＿＿＿＿＿＿

12 | りょくちゃ ＿＿＿＿＿＿＿＿

13 | にほんしゅ ＿＿＿＿＿＿＿＿

14 | しょうちゅう ＿＿＿＿＿＿＿＿

15 | にほんりょうり ＿＿＿＿＿＿＿＿

16 | わかい ＿＿＿＿＿＿＿＿

17 | すずしい ＿＿＿＿＿＿＿＿

18 | あたたかい ＿＿＿＿＿＿＿＿

19 | だいすき ＿＿＿＿＿＿＿＿

20 | ふります ＿＿＿＿＿＿＿＿

二、请写出日语汉字对应的假名

01 | 背 ＿＿＿＿＿＿＿＿

02 | 兄 ＿＿＿＿＿＿＿＿

03 | 席 ＿＿＿＿＿＿＿＿

04 | 冬 ＿＿＿＿＿＿＿＿

05 | 春 ＿＿＿＿＿＿＿＿

06 | 季節 ＿＿＿＿＿＿＿＿

07 | 人気 ＿＿＿＿＿＿＿＿

08 | 最近 ＿＿＿＿＿＿＿＿

09 | 種類 ＿＿＿＿＿＿＿＿

10 | 寿司 ＿＿＿＿＿＿＿＿

11 | 日本酒 ＿＿＿＿＿＿＿＿

12 | 日本料理 ＿＿＿＿＿＿＿＿

13	緑茶 _____	17	暖かい _____
14	速い _____	18	大好き _____
15	若い _____	19	降ります _____
16	涼しい _____	20	人気があります _____

三、请写出中文对应的日语单词或表达

01	季节 _____	16	最近，近来 _____
02	冬天，冬季 _____	17	哥哥，兄长 _____
03	春天，春季 _____	18	个子 _____
04	下（雨，雪），降（雨，雪）_____	19	班级 _____
05	梨 _____	20	座位，席位 _____
06	香蕉 _____	21	最，第一 _____
07	橘子 _____	22	声望，受欢迎 _____
08	果汁 _____	23	非常喜欢的 _____
09	种类 _____	24	年轻的 _____
10	日式饭菜 _____	25	快的 _____
11	日本酒 _____	26	暖和的，温暖的 _____
12	寿司 _____	27	凉爽的 _____
13	红茶 _____	28	……得多 _____
14	绿茶 _____	29	仍然，还是 _____
15	乌龙茶 _____	30	受欢迎 _____

四、听写练习 音频

01	_____	02	_____	03	_____	04	_____
05	_____	06	_____	07	_____	08	_____
09	_____	10	_____	11	_____	12	_____
13	_____	14	_____	15	_____	16	_____

返记词汇列表

01 □ 季節		12 □ ウーロン茶		23 □ 降ります	
02 □ 冬		13 □ ジャスミン茶		24 □ 若い	
03 □ 春		14 □ 緑茶		25 □ 暖かい	
04 □ 日本料理		15 □ ジュース		26 □ 涼しい	
05 □ 寿司		16 □ 人気		27 □ 速い	
06 □ ナシ		17 □ 席		28 □ 大好き	
07 □ バナナ		18 □ クラス		29 □ いちばん	
08 □ ミカン		19 □ 種類		30 □ ずっと	
09 □ 焼酎		20 □ 背		31 □ やはり / やっぱり	
10 □ 日本酒		21 □ 兄		32 □ 人気があります	
11 □ 紅茶		22 □ 最近			

単元測試（三）

もんだい1 ＿＿＿＿の ことばは ひらがなで どう かきますか。1・2・3・4から いちばん いい ものを ひとつ えらんで ください。

[1] あのスープは熱くないです。

　　1. からく　　　　2. あつく　　　　3. あまく　　　　4. にがく

[2] 試験は全然難しくありませんでした。

　　1. とても　　　　2. ぜんぜん　　　　3. あまり　　　　4. ちょっと

[3] 京都の紅葉は有名です。

　　1. きれい　　　　2. きらい　　　　3. ゆうめい　　　　4. きたない

[4] 李さんは料理が上手です。

　　1. りょうり　　　　2. りょり　　　　3. りゅうり　　　　4. りゅり

[5] 季節の中で、春がいちばん好きです。

　　1. しゅるい　　　　2. にんき　　　　3. だいすき　　　　4. きせつ

もんだい2 ＿＿＿＿の ことばは どう かきますか。1・2・3・4から いちばん い
い ものを ひとつ えらんで ください。

[1] この<u>ゆかた</u>はちょっと小さいです。
   1. 世界　　　　　　2. 自動車　　　　　　3. 浴衣　　　　　　4. 温泉

[2] 森さんは<u>やきゅう</u>が好きです。
   1. 野球　　　　　　2. 野菜　　　　　　3. 焼酎　　　　　　4. 魚

[3] 私の家は駅から5分ですから、とても<u>べんり</u>です。
   1. 不便　　　　　　2. 便利　　　　　　3. 下手　　　　　　4. 上手

[4] 駅の前の公園は<u>ひろく</u>ないです。
   1. 大きく　　　　　2. 小さく　　　　　3. 狭く　　　　　　4. 広く

[5] メールは手紙よりずっと<u>はや</u>いです。
   1. 速い　　　　　　2. 若い　　　　　　3. 高い　　　　　　4. 安い

もんだい3 （　　）に なにを いれますか。1・2・3・4から いちばん いい もの
を ひとつ えらんで ください。

[1] 日本語と英語と、どちらが（　　）ですか。
   1. きれい　　　　　2. 暇　　　　　　　3. 暖かい　　　　　4. 難しい

[2] クラスの中で、李さんはいちばん歌が（　　）です。
   1. おいしい　　　　2. かわいい　　　　3. じょうず　　　　4. すずしい

[3] 田中さんは森さんほど（　　）ではありません。
   1. ハンサム　　　　2. こわい　　　　　3. べんり　　　　　4. わかい

[4] 季節のなかで（　　）がいちばん好きですか。
   1. だれ　　　　　　2. どれ　　　　　　3. いつ　　　　　　4. どの

[5] 明日試験があります（　　）、今晩勉強します。
   1. でも　　　　　　2. そして　　　　　3. から　　　　　　4. まで

第四単元

ユニット ❹

第13课

 音频

🏵 **重点单词学一学**

01 荷物（にもつ）①
　　［名］包裹，行李 ＿＿＿＿＿＿＿＿

02 はがき ⓪
　　［名］明信片 ＿＿＿＿＿＿＿＿

03 切手（きって）⓪
　　［名］邮票 ＿＿＿＿＿＿＿＿

04 引き出し（ひきだし）⓪
　　［名］抽屉 ＿＿＿＿＿＿＿＿

05 アルバム ⓪
　　［名］相册 ＿＿＿＿＿＿＿＿

06 タバコ ⓪
　　［名］烟，烟草 ＿＿＿＿＿＿＿＿

07 漫画（まんが）⓪
　　［名］漫画 ＿＿＿＿＿＿＿＿

08 ガレージ ②
　　［名］车库，汽车房 ＿＿＿＿＿＿＿＿

09 修理（しゅうり）①
　　［名］修理 ＿＿＿＿＿＿＿＿

10 居酒屋（いざかや）⓪
　　［名］酒馆 ＿＿＿＿＿＿＿＿

11 生ビール（なまビール）③
　　［名］生啤 ＿＿＿＿＿＿＿＿

12 焼き鳥（やきとり）⓪
　　［名］烤鸡肉串 ＿＿＿＿＿＿＿＿

13 唐揚げ（からあげ）⓪
　　［名］炸鸡；油炸食品 ＿＿＿＿＿＿＿＿

14 肉じゃが（にくじゃが）⓪
　　［名］土豆炖肉 ＿＿＿＿＿＿＿＿

15 ボーリング ⓪
　　［名］保龄球 ＿＿＿＿＿＿＿＿

16 髪（かみ）②
　　［名］头发 ＿＿＿＿＿＿＿＿

17 象（ぞう）①
　　［名］象，大象 ＿＿＿＿＿＿＿＿

18 昼（ひる）②
　　［名］白天，中午 ＿＿＿＿＿＿＿＿

19 ほか ⓪
　　［名］另外，其他 ＿＿＿＿＿＿＿＿

20 かかります ④
　　［动１］花费（时间，金钱）
　　＿＿＿＿＿＿＿＿

21 咲きます（さきます）③
　　［动１］花开 ＿＿＿＿＿＿＿＿

22 泳ぎます（およぎます）④
　　［动１］游泳 ＿＿＿＿＿＿＿＿

23 遊びます（あそびます）④
　　［动１］玩，玩耍 ＿＿＿＿＿＿＿＿

24 吸います（すいます）③
　　［动１］吸（烟）＿＿＿＿＿＿＿＿

25	切ります（きります）③	27	とりあえず ③
	［动1］剪，切，割 ＿＿＿＿＿＿		［副］暂且 ＿＿＿＿＿＿
26	だいたい ⓪	28	どのぐらい ⓪／どれぐらい ⓪
	［副］大约，大概，大体 ＿＿＿＿＿＿		多久；多少钱 ＿＿＿＿＿＿

一、请写出假名对应的日语汉字

01	ひる ＿＿＿＿＿＿	09	からあげ ＿＿＿＿＿＿
02	ぞう ＿＿＿＿＿＿	10	やきとり ＿＿＿＿＿＿
03	にもつ ＿＿＿＿＿＿	11	さきます ＿＿＿＿＿＿
04	きって ＿＿＿＿＿＿	12	すいます ＿＿＿＿＿＿
05	まんが ＿＿＿＿＿＿	13	きります ＿＿＿＿＿＿
06	しゅうり ＿＿＿＿＿＿	14	およぎます ＿＿＿＿＿＿
07	ひきだし ＿＿＿＿＿＿	15	あそびます ＿＿＿＿＿＿
08	いざかや ＿＿＿＿＿＿		

二、请写出日语汉字对应的假名

01	髪 ＿＿＿＿＿＿	09	生ビール ＿＿＿＿＿＿
02	象 ＿＿＿＿＿＿	10	引き出し ＿＿＿＿＿＿
03	昼 ＿＿＿＿＿＿	11	咲きます ＿＿＿＿＿＿
04	切手 ＿＿＿＿＿＿	12	泳ぎます ＿＿＿＿＿＿
05	漫画 ＿＿＿＿＿＿	13	遊びます ＿＿＿＿＿＿
06	荷物 ＿＿＿＿＿＿	14	吸います ＿＿＿＿＿＿
07	居酒屋 ＿＿＿＿＿＿	15	切ります ＿＿＿＿＿＿
08	肉じゃが ＿＿＿＿＿＿		

三、请写出中文对应的日语单词或表达

01	明信片 ＿＿＿＿＿＿	07	修理 ＿＿＿＿＿＿
02	邮票 ＿＿＿＿＿＿	08	生啤 ＿＿＿＿＿＿
03	相册 ＿＿＿＿＿＿	09	烤鸡肉串 ＿＿＿＿＿＿
04	抽屉 ＿＿＿＿＿＿	10	炸鸡；油炸食品 ＿＿＿＿＿＿
05	保龄球 ＿＿＿＿＿＿	11	另外，其他 ＿＿＿＿＿＿
06	车库，汽车房 ＿＿＿＿＿＿	12	烟，烟草 ＿＿＿＿＿＿

13 吸（烟）_____   17 玩，玩耍 _____

14 花费（时间，金钱）_____   18 大约，大概，大体 _____

15 头发 _____   19 暂且 _____

16 剪，切，割 _____   20 游泳 _____

四、听写练习　音频

01 _____   02 _____   03 _____   04 _____

05 _____   06 _____   07 _____   08 _____

09 _____   10 _____   11 _____   12 _____

13 _____   14 _____   15 _____   16 _____

返记词汇列表

01 □ 荷物	11 □ 生ビール	21 □ 咲きます
02 □ はがき	12 □ 焼き鳥	22 □ 泳ぎます
03 □ 切手	13 □ 唐揚げ	23 □ 遊びます
04 □ 引き出し	14 □ 肉じゃが	24 □ 吸います
05 □ アルバム	15 □ ボーリング	25 □ 切ります
06 □ タバコ	16 □ 髪	26 □ だいたい
07 □ 漫画	17 □ 象	27 □ とりあえず
08 □ ガレージ	18 □ 昼	28 □ どのぐらい／どれぐらい
09 □ 修理	19 □ ほか	
10 □ 居酒屋	20 □ かかります	

音频

🪭 重点单词学一学

01 船便（ふなびん）⓪
[名] 海运 ＿＿＿＿＿＿＿

02 書類（しょるい）⓪
[名] 文件，文稿 ＿＿＿＿＿＿＿

03 原稿（げんこう）⓪
[名] 稿子，原稿 ＿＿＿＿＿＿＿

04 記事（きじ）①
[名] 报道 ＿＿＿＿＿＿＿

05 メモ①
[名] 记录 ＿＿＿＿＿＿＿

06 駅前（えきまえ）③
[名] 车站一带 ＿＿＿＿＿＿＿

07 橋（はし）②
[名] 桥，桥梁 ＿＿＿＿＿＿＿

08 角（かど）①
[名] 拐角 ＿＿＿＿＿＿＿

09 横断歩道（おうだんほどう）⑤
[名] 人行横道 ＿＿＿＿＿＿＿

10 右（みぎ）⓪
[名] 右，右边 ＿＿＿＿＿＿＿

11 左（ひだり）⓪
[名] 左，左边 ＿＿＿＿＿＿＿

12 交差点（こうさてん）⓪
[名] 十字路口 ＿＿＿＿＿＿＿

13 道（みち）⓪
[名] 路，道路 ＿＿＿＿＿＿＿

14 ドア①
[名] 门 ＿＿＿＿＿＿＿

15 電気（でんき）①
[名] 电，电力 ＿＿＿＿＿＿＿

16 朝ご飯（あさごはん）③
[名] 早饭 ＿＿＿＿＿＿＿

17 晩ご飯（ばんごはん）③
[名] 晚饭 ＿＿＿＿＿＿＿

18 バーベキュー③
[名] 户外烧烤 ＿＿＿＿＿＿＿

19 通ります（とおります）④
[动1] 通过，经过 ＿＿＿＿＿＿＿

20 急ぎます（いそぎます）④
[动1] 急，急忙 ＿＿＿＿＿＿＿

21 飛びます（とびます）③
[动1] 飞，飞行 ＿＿＿＿＿＿＿

22 死にます（しにます）③
[动1] 死，死亡 ＿＿＿＿＿＿＿

23 待ちます（まちます）③
[动1] 等待，等候 ＿＿＿＿＿＿＿

24 売ります（うります）③
[动1] 卖，销售 ＿＿＿＿＿＿＿

25 話します（はなします）④
[动1] 说话，说 ＿＿＿＿＿＿＿

26 渡ります（わたります）④
[动1] 过（桥，河），穿过（马路）
＿＿＿＿＿＿＿

27 下ろします（おろします）④
[动1] 取，卸货 _____

28 選びます（えらびます）④
[动1] 挑选，选择 _____

29 消します（けします）③
[动1] 关（灯）；消除，去除

_____

30 歩きます（あるきます）④
[动1] 步行，行走 _____

31 曲がります（まがります）④
[动1] 拐弯，曲折 _____

32 洗います（あらいます）④
[动1] 洗，洗涤 _____

33 出ます（でます）②
[动2] 离开 _____

34 出かけます（でかけます）④
[动2] 外出，出门 _____

35 開けます（あけます）③
[动2] 开，打开，开启 _____

36 過ぎます（すぎます）③
[动2] 过 _____

37 見せます（みせます）③
[动2] 给……看；出示 _____

38 つけます③
[动2] 开（灯） _____

39 降ります（おります）③
[动2] 下（车，山） _____

40 買い物します（かいものします）⑥
[动3] 买东西 _____

41 卒業します（そつぎょうします）⑥
[动3] 毕业 _____

42 食事します（しょくじします）⑤
[动3] 吃饭，用餐 _____

43 整理します（せいりします）①
[动3] 整理 _____

44 コピーします①
[动3] 复印 _____

45 暗い（くらい）⓪
[形1] 黑暗的，昏暗的 _____

46 大変（たいへん）⓪
[形2] 够受的，不得了的 _____

47 なかなか⓪
[副] 相当，很，非常 _____

48 こう⓪
[副] 这样，如此 _____

49 そう⓪／ああ⓪
[副] 那样 _____

50 後で（あとで）①
[副] 过会儿 _____

51 それから⓪
[连] 然后；另外 _____

52 すみませんが④
对不起……，劳驾…… _____

一、请写出假名对应的日语汉字

01 かど _____

02 みち _____

03 みぎ _____

04 ひだり _____

05 えきまえ _____

06 こうさてん _____

07 おうだんほどう _____

08 きじ _____

09 でんき _____
10 げんこう _____
11 しょるい _____
12 とびます _____
13 うります _____
14 あけます _____

15 みせます _____
16 すぎます _____
17 はなします _____
18 えらびます _____
19 あるきます _____
20 そつぎょうします _____

二、请写出日语汉字对应的假名

01 橋 _____
02 船便 _____
03 朝ご飯 _____
04 晩ご飯 _____
05 暗い _____
06 通ります _____
07 渡ります _____
08 降ります _____
09 曲がります _____
10 出ます _____

11 出かけます _____
12 急ぎます _____
13 待ちます _____
14 死にます _____
15 消します _____
16 洗います _____
17 下ろします _____
18 食事します _____
19 整理します _____
20 買い物します _____

三、请写出中文对应的日语单词或表达

01 门 _____
02 电，电力 _____
03 记录 _____
04 文件，文稿 _____
05 车站一带 _____
06 十字路口 _____
07 户外烧烤 _____
08 飞，飞行 _____
09 过 _____
10 离开 _____
11 外出，出门 _____
12 通过，经过 _____

13 步行，行走 _____
14 拐弯，曲折 _____
15 过(桥,河)，穿过(马路) _____
16 下（车，山） _____
17 洗，洗涤 _____
18 给……看；出示 _____
19 关（灯）；消除，去除 _____
20 开（灯） _____
21 开，打开，开启 _____
22 毕业 _____
23 买东西 _____
24 复印 _____

25	黑暗的，昏暗的 _____	28	过会儿 _____
26	够受的，不得了的 _____	29	然后；另外 _____
27	相当，很，非常 _____	30	对不起……, 劳驾…… _____

四、听写练习 [音频]

01	_____	02	_____	03	_____	04	_____
05	_____	06	_____	07	_____	08	_____
09	_____	10	_____	11	_____	12	_____
13	_____	14	_____	15	_____	16	_____

返记词汇列表

01	□ 船便	19	□ 通ります	37	□ 見せます
02	□ 書類	20	□ 急ぎます	38	□ つけます
03	□ 原稿	21	□ 飛びます	39	□ 降ります
04	□ 記事	22	□ 死にます	40	□ 買い物します
05	□ メモ	23	□ 待ちます	41	□ 卒業します
06	□ 駅前	24	□ 売ります	42	□ 食事します
07	□ 橋	25	□ 話します	43	□ 整理します
08	□ 角	26	□ 渡ります	44	□ コピーします
09	□ 横断歩道	27	□ 下ろします	45	□ 暗い
10	□ 右	28	□ 選びます	46	□ 大変
11	□ 左	29	□ 消します	47	□ なかなか
12	□ 交差点	30	□ 歩きます	48	□ こう
13	□ 道	31	□ 曲がります	49	□ そう / ああ
14	□ ドア	32	□ 洗います	50	□ 後で
15	□ 電気	33	□ 出ます	51	□ それから
16	□ 朝ご飯	34	□ 出かけます	52	□ すみませんが
17	□ 晩ご飯	35	□ 開けます		
18	□ バーベキュー	36	□ 過ぎます		

第15课 音频

✿ 重点单词学一学

01　ボート ①
　　［名］小船，小艇 ＿＿＿＿＿＿＿

02　ベンチ ①
　　［名］长椅，长凳 ＿＿＿＿＿＿＿

03　市役所（しやくしょ）②
　　［名］市政府 ＿＿＿＿＿＿＿

04　携帯電話（けいたいでんわ）⑤
　　［名］手机 ＿＿＿＿＿＿＿

05　禁煙（きんえん）⓪
　　［名］禁止吸烟 ＿＿＿＿＿＿＿

06　風邪（かぜ）⓪
　　［名］感冒 ＿＿＿＿＿＿＿

07　熱（ねつ）②
　　［名］发烧，体温高 ＿＿＿＿＿＿＿

08　睡眠（すいみん）⓪
　　［名］睡眠 ＿＿＿＿＿＿＿

09　お風呂（おふろ）②
　　［名］澡堂；浴室 ＿＿＿＿＿＿＿

10　薬局（やっきょく）⓪
　　［名］药店 ＿＿＿＿＿＿＿

11　クーラー ①
　　［名］空调 ＿＿＿＿＿＿＿

12　火（ひ）①
　　［名］火 ＿＿＿＿＿＿＿

13　気（き）⓪
　　［名］精神，意识 ＿＿＿＿＿＿＿

14　打ち合わせ（うちあわせ）⓪
　　［名］事先商量，碰头，商洽
　　＿＿＿＿＿＿＿

15　無理（むり）①
　　［名］勉强，难以办到 ＿＿＿＿＿＿＿

16　乗ります（のります）③
　　［动1］乘坐，乘 ＿＿＿＿＿＿＿

17　使います（つかいます）④
　　［动1］用，使用 ＿＿＿＿＿＿＿

18　座ります（すわります）④
　　［动1］坐，落座 ＿＿＿＿＿＿＿

19　入ります（はいります）④
　　［动1］进入，加入 ＿＿＿＿＿＿＿

20　申します（もうします）④
　　［动1］是；说，讲，告诉 ＿＿＿＿＿＿＿

21　とります ③
　　［动1］取，取得 ＿＿＿＿＿＿＿

22　歌います（うたいます）④
　　［动1］唱，歌唱 ＿＿＿＿＿＿＿

23　伝えます（つたえます）④
　　［动2］说，传达，转告 ＿＿＿＿＿＿＿

24　止めます（とめます）③
　　［动2］停，制止 ＿＿＿＿＿＿＿

25　暖かい（あたたかい）④
　　［形1］热乎的，温暖的 ＿＿＿＿＿＿＿

26　大丈夫（だいじょうぶ）③
　　［形2］没关系的，放心的
　　＿＿＿＿＿＿＿

27 | だめ ②
[形2] 不行的，不可以的
_____

28 | 十分（じゅうぶん）③
[副] 好好地，充足地 _____

29 | もちろん ②
[副] 当然，不用说 _____

30 | ゆっくり ③
[副] 好好地，安静地 _____

31 | お大事に（おだいじに）⓪
请多保重 _____

32 | いけません ④
不行，不可以 _____

33 | かまいません ⑤
没关系，不要紧 _____

34 | まだです ①
还没有，仍然……没有 _____

35 | 気をつけます（きをつけます）⑤
注意 _____

36 | 無理をします（むりをします）①
勉强 _____

37 | 睡眠をとります（すいみんをとります）⑧
睡觉 _____

38 | お風呂に入ります（おふろにはいります）②+④
洗澡 _____

一、请写出假名对应的日语汉字

01 | かぜ _____
02 | ねつ _____
03 | むり _____
04 | おふろ _____
05 | すいみん _____
06 | きんえん _____
07 | うちあわせ _____
08 | しやくしょ _____
09 | やっきょく _____
10 | けいたいでんわ _____

11 | じゅうぶん _____
12 | のります _____
13 | とめます _____
14 | もうします _____
15 | すわります _____
16 | はいります _____
17 | うたいます _____
18 | つかいます _____
19 | つたえます _____
20 | おだいじに _____

二、请写出日语汉字对应的假名

01 | 火 _____
02 | 熱 _____
03 | 気 _____
04 | 無理 _____

05 | 風邪 _____
06 | 十分 _____
07 | 禁煙 _____
08 | 大丈夫 _____

09	市役所 _____	15	入ります _____
10	暖かい _____	16	申します _____
11	携帯電話 _____	17	気をつけます _____
12	歌います _____	18	無理をします _____
13	乗ります _____	19	使います _____
14	座ります _____	20	伝えます _____

三、请写出中文对应的日语单词或表达

01	火 _____	16	唱，歌唱 _____
02	空调 _____	17	是；说，讲，告诉 _____
03	感冒 _____	18	说，传达，转告 _____
04	发烧，体温高 _____	19	事先商量，碰头，商洽 _____
05	药店 _____	20	没关系，不要紧 _____
06	精神，意识 _____	21	不行，不可以 _____
07	澡堂；浴室 _____	22	好好地，充足地 _____
08	热乎的，温暖的 _____	23	好好地，安静地 _____
09	小船，小艇 _____	24	请多保重 _____
10	长椅，长凳 _____	25	当然，不用说 _____
11	乘坐，乘 _____	26	还没有，仍然……没有 _____
12	坐，落座 _____	27	注意 _____
13	用，使用 _____	28	勉强 _____
14	取，取得 _____	29	睡觉 _____
15	停，制止 _____	30	洗澡 _____

四、听写练习

音频

01	_____	02	_____	03	_____	04	_____
05	_____	06	_____	07	_____	08	_____
09	_____	10	_____	11	_____	12	_____
13	_____	14	_____	15	_____	16	_____

返记词汇列表

01	□ ボート	14	□ 打ち合わせ	27	□ だめ
02	□ ベンチ	15	□ 無理	28	□ 十分
03	□ 市役所	16	□ 乗ります	29	□ もちろん
04	□ 携帯電話	17	□ 使います	30	□ ゆっくり
05	□ 禁煙	18	□ 座ります	31	□ お大事に
06	□ 風邪	19	□ 入ります	32	□ いけません
07	□ 熱	20	□ 申します	33	□ かまいません
08	□ 睡眠	21	□ とります	34	□ まだです
09	□ お風呂	22	□ 歌います	35	□ 気をつけます
10	□ 薬局	23	□ 伝えます	36	□ 無理をします
11	□ クーラー	24	□ 止めます	37	□ 睡眠をとります
12	□ 火	25	□ 暖かい	38	□ お風呂に入ります
13	□ 気	26	□ 大丈夫		

音频

重点单词学一学

01 操作（そうさ）①
[名] 操作，操纵 _____

02 機械（きかい）②
[名] 机械，机器 _____

03 営業部（えいぎょうぶ）③
[名] 营业部 _____

04 製品（せいひん）⓪
[名] 产品 _____

05 建築家（けんちくか）⓪
[名] 建筑师 _____

06 設計（せっけい）⓪
[名] 设计 _____

07 デザイン②
[名] 设计（图），（制作）图案
_____

08 形（かたち）⓪
[名] 造型,形状,形式 _____

09 最新（さいしん）⓪
[名] 最新 _____

10 ネクタイ①
[名] 领带 _____

11 財布（さいふ）⓪
[名] 钱包 _____

12 革（かわ）②
[名] 革,皮革 _____

13 | 布（ぬの）⓪
[名] 布，布匹 _____

14 | 水筒（すいとう）⓪
[名] 水壶 _____

15 | 緑（みどり）①
[名] 绿，绿色 _____

16 | 足（あし）②
[名] 脚 _____

17 | 指（ゆび）②
[名] 手指，指头 _____

18 | 目（め）①
[名] 眼，眼睛 _____

19 | 鼻（はな）⓪
[名] 鼻，鼻子 _____

20 | 顔（かお）⓪
[名] 脸；颜面 _____

21 | 頭（あたま）③
[名] 头，头脑 _____

22 | 間違い（まちがい）③
[名] 错误，失误 _____

23 | 問題（もんだい）⓪
[名] 问题 _____

24 | 広告（こうこく）⓪
[名] 广告 _____

25 | 看板（かんばん）⓪
[名] 牌子 _____

26 | 展示場（てんじじょう）⓪
[名] 展览会场 _____

27 | 入場料（にゅうじょうりょう）③
[名] 门票，进场费 _____

28 | サービス①
[名] 服务 _____

29 | 天井（てんじょう）⓪
[名] 天棚 _____

30 | 警備（けいび）①
[名] 戒备，警备 _____

31 | クリスマスツリー⑦
[名] 圣诞树 _____

32 | 皆さん（みなさん）②
[名] 大家，诸位 _____

33 | 子（こ）⓪
[名] 孩子 _____

34 | 横（よこ）⓪
[名] 旁边，侧面 _____

35 | 持ちます（もちます）③
[动1] 有，拥有，持有 _____

36 | 住みます（すみます）③
[动1] 住，居住 _____

37 | 知ります（しります）③
[动1] 认识，知道，了解

_____

38 | 直します（なおします）④
[动1] 改，修改，改正_____

39 | 片づけます（かたづけます）⑤
[动2] 收拾，整理 _____

40 | 練習します（れんしゅうします）⑥
[动3] 练习 _____

41 | 結婚します（けっこんします）⑥
[动3] 结婚 _____

42 | 安心します（あんしんします）⑥
[动3] 安心，放心 _____

43 | 明るい（あかるい）⓪
[形1] 明亮的；开朗的_____

44 | 長い（ながい）②
[形1] 长的；长久的，长远的

_____

45 短い（みじかい）③
[形1] 短的；短暂的 _____

46 軽い（かるい）⓪
[形1] 轻巧的，轻的；轻松；轻微的
_____

47 優しい（やさしい）⓪
[形1] 和蔼的，温和的，体贴的
_____

48 細い（ほそい）②
[形1] 小的，细长的，纤细的
_____

49 太い（ふとい）②
[形1] 粗的，胖的 _____

50 黒い（くろい）②
[形1] 黑的，黑色的 _____

51 ユニーク②
[形2] 独特的,唯一的 _____

52 安全（あんぜん）⓪
[形2] 安全的 _____

53 派手（はで）②
[形2] 耀眼的,花哨的 _____

54 地味（じみ）②
[形2] 朴素的,质朴的 _____

55 厳重（げんじゅう）⓪
[形2] 森严的；严格的 _____

56 まじめ⓪
[形2] 认真的；严肃的 _____

57 大切（たいせつ）⓪
[形2] 重要的，珍贵的 _____

58 複雑（ふくざつ）⓪
[形2] 复杂的,繁杂的 _____

59 ちゃんと⓪
[副] 好好地，的确，完全
_____

60 すぐ①
[副] 马上，立即 _____

61 ずいぶん①
[副] 相当，非常，很 _____

62 頭がいい（あたまがいい）③+①
脑子好，聪明 _____

一、请写出假名对应的日语汉字

01 ゆび _____

02 よこ _____

03 そうさ _____

04 きかい _____

05 かたち _____

06 さいふ _____

07 けいび _____

08 みどり _____

09 さいしん _____

10 せいひん _____

11 せっけい _____

12 こうこく _____

13 すいとう _____

14 てんじじょう _____

15 えいぎょうぶ _____

16 かるい _____

17 くろい _____

18 ふくざつ _____

19 はで _____

20 じみ _____

二、请写出日语汉字对应的假名

01　子 _____
02　頭 _____
03　顔 _____
04　目 _____
05　鼻 _____
06　足 _____
07　布 _____
08　革 _____
09　問題 _____
10　間違い _____

11　皆さん _____
12　太い _____
13　細い _____
14　軽い _____
15　優しい _____
16　明るい _____
17　安全 _____
18　大切 _____
19　住みます _____
20　知ります _____

三、请写出中文对应的日语单词或表达

01　天棚 _____
02　建筑师 _____
03　机械，机器 _____
04　旁边，侧面 _____
05　圣诞树 _____
06　领带 _____
07　门票，进场费 _____
08　服务 _____
09　错误，失误 _____
10　有，拥有，持有 _____
11　改，修改，改正 _____
12　收拾，整理 _____
13　安心，放心 _____
14　练习 _____
15　结婚 _____
16　长的；长久的，长远的 _____

17　短的；短暂的 _____
18　轻巧的，轻的；轻松的；轻微的
　　_____
19　小的，细长的，纤细的 _____
20　粗的，胖的 _____
21　明亮的；开朗的 _____
22　黑的，黑色的 _____
23　独特的，唯一的 _____
24　耀眼的，花哨的 _____
25　朴素的，质朴的 _____
26　认真的；严肃的 _____
27　马上，立即 _____
28　相当，非常，很 _____
29　好好地，的确，完全 _____
30　脑子好，聪明 _____

四、听写练习

01	_____	02	_____	03	_____	04	_____
05	_____	06	_____	07	_____	08	_____
09	_____	10	_____	11	_____	12	_____
13	_____	14	_____	15	_____	16	_____

返记词汇列表

01	☐ 操作	22	☐ 間違い	43	☐ 明るい
02	☐ 機械	23	☐ 問題	44	☐ 長い
03	☐ 営業部	24	☐ 広告	45	☐ 短い
04	☐ 製品	25	☐ 看板	46	☐ 軽い
05	☐ 建築家	26	☐ 展示場	47	☐ 優しい
06	☐ 設計	27	☐ 入場料	48	☐ 細い
07	☐ デザイン	28	☐ サービス	49	☐ 太い
08	☐ 形	29	☐ 天井	50	☐ 黒い
09	☐ 最新	30	☐ 警備	51	☐ ユニーク
10	☐ ネクタイ	31	☐ クリスマスツリー	52	☐ 安全
11	☐ 財布	32	☐ 皆さん	53	☐ 派手
12	☐ 革	33	☐ 子	54	☐ 地味
13	☐ 布	34	☐ 横	55	☐ 厳重
14	☐ 水筒	35	☐ 持ちます	56	☐ まじめ
15	☐ 緑	36	☐ 住みます	57	☐ 大切
16	☐ 足	37	☐ 知ります	58	☐ 複雑
17	☐ 指	38	☐ 直します	59	☐ ちゃんと
18	☐ 目	39	☐ 片づけます	60	☐ すぐ
19	☐ 鼻	40	☐ 練習します	61	☐ ずいぶん
20	☐ 顔	41	☐ 結婚します	62	☐ 頭がいい
21	☐ 頭	42	☐ 安心します		

単元測試（四）

もんだい１ _____の ことばは ひらがなで どう かきますか。１・２・３・４から いちばん いい ものを ひとつ えらんで ください。

[1] 教室に学生が二人います。

    1. ひとり   2. ふたり   3. ににん   4. りょうにん

[2] 切手を十枚買いました。

    1. きりて   2. きりで   3. きっで   4. きって

[3] 晩ご飯を食べてから散歩します。

    1. りょこう   2. そうじ   3. さんぽ   4. しごと

[4] この道をまっすぐ行って、橋を渡ってください。

    1. おくって   2. かえって   3. あらって   4. わたって

[5] 昨日、私は公園でボートに乗りました。

    1. はいりました   2. まがりました   3. のりました   4. すわりました

もんだい２ _____の ことばは どう かきますか。１・２・３・４から いちばん いい ものを ひとつ えらんで ください。

[1] このバスはえきまえを通ります。

    1. 角   2. 駅前   3. 交差点   4. 横断歩道

[2] ここにすわってはいけません。

    1. 座って   2. 帰って   3. 行って   4. 撮って

[3] 森さんは親切でやさしいです。

    1. 優しい   2. 易しい   3. 難しい   4. 楽しい

[4] 午後郵便局へ荷物をだしに行きます。

    1. 話し   2. 出し   3. 申し   4. 貸し

[5] 日曜日、十分すいみんをとりました。

    1. 禁煙   2. 風邪   3. 睡眠   4. 薬

もんだい3 （　）に　なにを　いれますか。1・2・3・4から　いちばん　いい　もの
を　ひとつ　えらんで　ください。

[1] 家から会社まで（　　）かかりますか。

　　1. だいたい　　　　　2. それから　　　　　3. ずいぶん　　　　　4. どのぐらい

[2] 小野さんは今新聞を（　　）います。

　　1. 読んで　　　　　　2. 聞いて　　　　　　3. 話して　　　　　　4. 書いて

[3] 森さんの部屋は（　　）広いです。

　　1. 小さくて　　　　　2. 明るくて　　　　　3. 難しくて　　　　　4. おもしろくて

[4] 森さんの中国語は（　　）上手ですね。

　　1. ゆっくり　　　　　2. 全然　　　　　　　3. なかなか　　　　　4. まだ

[5] 日本語の先生は（　　）元気です。

　　1. 大きくて　　　　　2. 短くて　　　　　　3. 軽くて　　　　　　4. 親切で

第17课

音频

🪭 **重点单词学一学**

01 洋服（ようふく）⓪
[名] 西服 ＿＿＿＿＿＿＿＿＿

02 セーター①
[名] 毛衣 ＿＿＿＿＿＿＿＿＿

03 ノートパソコン④
[名] 笔记本电脑 ＿＿＿＿＿＿＿＿＿

04 バイク①
[名] 摩托车 ＿＿＿＿＿＿＿＿＿

05 お汁粉（おしるこ）⓪
[名] 年糕小豆汤 ＿＿＿＿＿＿＿＿＿

06 天ぷら（てんぷら）⓪
[名] 天麸罗 ＿＿＿＿＿＿＿＿＿

07 初詣（はつもうで）③
[名] 新年后首次参拜 ＿＿＿＿＿＿＿＿＿

08 健康（けんこう）⓪
[名] 健康 ＿＿＿＿＿＿＿＿＿

09 恋愛（れんあい）⓪
[名] 恋爱 ＿＿＿＿＿＿＿＿＿

10 ドラマ①
[名] 连续剧 ＿＿＿＿＿＿＿＿＿

11 相手（あいて）③
[名] 对象，对方 ＿＿＿＿＿＿＿＿＿

12 恋人（こいびと）⓪
[名] 恋人 ＿＿＿＿＿＿＿＿＿

13 先輩（せんぱい）⓪
[名] 前辈 ＿＿＿＿＿＿＿＿＿

14 男性（だんせい）⓪
[名] 男性 ＿＿＿＿＿＿＿＿＿

15 外国人（がいこくじん）④
[名] 外国人 ＿＿＿＿＿＿＿＿＿

16 夏（なつ）②
[名] 夏天 ＿＿＿＿＿＿＿＿＿

17 今年（ことし）⓪
[名] 今年 ＿＿＿＿＿＿＿＿＿

18 始めます（はじめます）④
[动2] 开始 ＿＿＿＿＿＿＿＿＿

19 連絡します（れんらくします）⑥
[动3] 联系 ＿＿＿＿＿＿＿＿＿

20 欲しい（ほしい）②
[形1] 想要的 ＿＿＿＿＿＿＿＿＿

21 立派（りっぱ）⓪
[形2] 美观的，杰出的 ＿＿＿＿＿＿＿＿＿

22 今度（こんど）①
[副] 下次；这回 ＿＿＿＿＿＿＿＿＿

23 ぜひ①
[副] 一定 ＿＿＿＿＿＿＿＿＿

24 そろそろ①
[副] 快要 ＿＿＿＿＿＿＿＿＿

25 まず①
[副] 先，首先 ＿＿＿＿＿＿＿＿＿

一、请写出假名对应的日语汉字

01　なつ _____
02　ことし _____
03　こんど _____
04　りっぱ _____
05　ほしい _____
06　あいて _____
07　れんあい _____
08　こいびと _____

09　せんぱい _____
10　だんせい _____
11　ようふく _____
12　がいこくじん _____
13　てんぷら _____
14　はつもうで _____
15　けんこう _____

二、请写出日语汉字对应的假名

01　今年 _____
02　初詣 _____
03　夏 _____
04　洋服 _____
05　お汁粉 _____
06　天ぷら _____
07　健康 _____
08　恋愛 _____

09　恋人 _____
10　相手 _____
11　先輩 _____
12　男性 _____
13　立派 _____
14　始めます _____
15　連絡します _____

三、请写出中文对应的日语单词或表达

01　毛衣 _____
02　摩托车 _____
03　笔记本电脑 _____
04　恋人 _____
05　对象，对方 _____
06　恋爱 _____
07　连续剧 _____
08　前辈 _____
09　外国人 _____
10　今年 _____

11　夏天 _____
12　健康 _____
13　想要的 _____
14　美观的，杰出的 _____
15　开始 _____
16　联系 _____
17　下次；这回 _____
18　一定 _____
19　快要 _____
20　先，首先 _____

01 _____	02 _____	03 _____	04 _____
05 _____	06 _____	07 _____	08 _____
09 _____	10 _____	11 _____	12 _____
13 _____	14 _____	15 _____	16 _____

返记词汇列表

01 □ 洋服	10 □ ドラマ	19 □ 連絡します
02 □ セーター	11 □ 相手	20 □ 欲しい
03 □ ノートパソコン	12 □ 恋人	21 □ 立派
04 □ バイク	13 □ 先輩	22 □ 今度
05 □ お汁粉	14 □ 男性	23 □ ぜひ
06 □ 天ぷら	15 □ 外国人	24 □ そろそろ
07 □ 初詣	16 □ 夏	25 □ まず
08 □ 健康	17 □ 今年	
09 □ 恋愛	18 □ 始めます	

第18课

重点单词学一学

01 音（おと）②
[名] 声音，响声 _____

02 声（こえ）①
[名] 声音 _____

03 空気（くうき）①
[名] 空气 _____

04 息子（むすこ）⓪
[名] 儿子 _____

05 医者（いしゃ）⓪
[名] 医生 _____

06 お嬢さん（おじょうさん）②
[名] 令爱 _____

07 社会人（しゃかいじん）②
[名] 社会的一员，成人
_____

08 旅行ガイド（りょこうガイド）④
[名] 旅行导游 _____

09	学者（がくしゃ）⓪ ［名］学者 ＿＿＿＿＿＿＿	24	時間（じかん）⓪ ［名］时间 ＿＿＿＿＿＿＿

09 学者（がくしゃ）⓪
［名］学者 ＿＿＿＿＿＿＿

10 パイロット①
［名］飞行员 ＿＿＿＿＿＿＿

11 デザイナー②
［名］设计者，设计家 ＿＿＿＿＿＿＿

12 タイムサービス④
［名］限时特卖，限时促销
＿＿＿＿＿＿＿

13 新春セール（しんしゅんセール）⑤
［名］新年大甩卖 ＿＿＿＿＿＿＿

14 ３割引（さんわりびき）③
［名］七折 ＿＿＿＿＿＿＿

15 定価（ていか）⓪
［名］定价 ＿＿＿＿＿＿＿

16 半額（はんがく）⓪
［名］半价 ＿＿＿＿＿＿＿

17 値段（ねだん）⓪
［名］价格 ＿＿＿＿＿＿＿

18 シャツ①
［名］衬衫 ＿＿＿＿＿＿＿

19 スカート②
［名］裙子 ＿＿＿＿＿＿＿

20 色（いろ）②
［名］颜色 ＿＿＿＿＿＿＿

21 赤（あか）①
［名］红色 ＿＿＿＿＿＿＿

22 青（あお）①
［名］蓝色 ＿＿＿＿＿＿＿

23 お正月（おしょうがつ）⑤
［名］过年，新年 ＿＿＿＿＿＿＿

24 時間（じかん）⓪
［名］时间 ＿＿＿＿＿＿＿

25 将来（しょうらい）①
［名］将来 ＿＿＿＿＿＿＿

26 準備（じゅんび）①
［名］准备 ＿＿＿＿＿＿＿

27 病気（びょうき）⓪
［名］疾病 ＿＿＿＿＿＿＿

28 なります③
［动１］变，当，变成，成为
＿＿＿＿＿＿＿

29 開きます（あきます）③
［动１］开 ＿＿＿＿＿＿＿

30 似合います（にあいます）④
［动１］适合，相称 ＿＿＿＿＿＿＿

31 うるさい③
［形１］闹的，使人心烦的 ＿＿＿＿＿＿＿

32 シンプル①
［形２］单纯的，简洁的 ＿＿＿＿＿＿＿

33 間もなく（まもなく）②
［副］马上，一会儿，不久 ＿＿＿＿＿＿＿

34 もうすぐ③
［副］马上 ＿＿＿＿＿＿＿

35 さらに①／もっと①
［副］更加，更 ＿＿＿＿＿＿＿

36 できるだけ⓪
尽量，尽可能 ＿＿＿＿＿＿＿

37 まとめて⓪
一下子，一起，汇总，汇集
＿＿＿＿＿＿＿

38 今から（いまから）①
从现在起 ＿＿＿＿＿＿＿

一、请写出假名对应的日语汉字

01 おと ＿＿＿＿＿＿＿

02 こえ ＿＿＿＿＿＿＿

03 くうき ＿＿＿＿＿＿＿

04 じかん ＿＿＿＿＿＿＿

05 いろ ＿＿＿＿＿＿＿

06 あか ＿＿＿＿＿＿＿

07 あお ＿＿＿＿＿＿＿

08 いしゃ ＿＿＿＿＿＿＿

09 がくしゃ ＿＿＿＿＿＿＿

10 むすこ ＿＿＿＿＿＿＿

11 おじょうさん ＿＿＿＿＿＿＿

12 おしょうがつ ＿＿＿＿＿＿＿

13 ていか ＿＿＿＿＿＿＿

14 ねだん ＿＿＿＿＿＿＿

15 はんがく ＿＿＿＿＿＿＿

16 じゅんび ＿＿＿＿＿＿＿

17 しょうらい ＿＿＿＿＿＿＿

18 あきます ＿＿＿＿＿＿＿

19 にあいます ＿＿＿＿＿＿＿

20 まもなく ＿＿＿＿＿＿＿

二、请写出日语汉字对应的假名

01 赤 ＿＿＿＿＿＿＿

02 青 ＿＿＿＿＿＿＿

03 色 ＿＿＿＿＿＿＿

04 音 ＿＿＿＿＿＿＿

05 声 ＿＿＿＿＿＿＿

06 空気 ＿＿＿＿＿＿＿

07 将来 ＿＿＿＿＿＿＿

08 息子 ＿＿＿＿＿＿＿

09 お嬢さん ＿＿＿＿＿＿＿

10 社会人 ＿＿＿＿＿＿＿

11 旅行ガイド ＿＿＿＿＿＿＿

12 学者 ＿＿＿＿＿＿＿

13 医者 ＿＿＿＿＿＿＿

14 病気 ＿＿＿＿＿＿＿

15 お正月 ＿＿＿＿＿＿＿

16 新春セール ＿＿＿＿＿＿＿

17 ３割引 ＿＿＿＿＿＿＿

18 半額 ＿＿＿＿＿＿＿

19 値段 ＿＿＿＿＿＿＿

20 今から ＿＿＿＿＿＿＿

三、请写出中文对应的日语单词或表达

01 时间 ＿＿＿＿＿＿＿

02 准备 ＿＿＿＿＿＿＿

03 过年，新年 ＿＿＿＿＿＿＿

04 新年大甩卖 ＿＿＿＿＿＿＿

05 限时特卖，限时促销 ＿＿＿＿＿＿＿

06 定价 ＿＿＿＿＿＿＿

07 七折 ＿＿＿＿＿＿＿

08 衬衫 ＿＿＿＿＿＿＿

09 裙子 ＿＿＿＿＿＿＿

10 颜色 ＿＿＿＿＿＿＿

11 适合，相称 ＿＿＿＿＿＿＿

12 将来 ＿＿＿＿＿＿＿

13 社会的一员，成人 ＿＿＿＿＿＿＿

14 旅行导游 ＿＿＿＿＿＿＿

15　学者 _____

16　医生 _____

17　飞行员 _____

18　设计者，设计家 _____

19　变，当，变成，成为 _____

20　开 _____

21　空气 _____

22　疾病 _____

23　闹的，使人心烦的 _____

24　单纯的，简洁的 _____

25　从现在起 _____

26　马上 _____

27　马上，一会儿，不久 _____

28　尽量，尽可能 _____

29　更加，更 _____

30　一下子，一起，汇总，汇集 _____

四、听写练习 音频

01 _____　02 _____　03 _____　04 _____

05 _____　06 _____　07 _____　08 _____

09 _____　10 _____　11 _____　12 _____

13 _____　14 _____　15 _____　16 _____

返记词汇列表

01 □ 音
02 □ 声
03 □ 空気
04 □ 息子
05 □ 医者
06 □ お嬢さん
07 □ 社会人
08 □ 旅行ガイド
09 □ 学者
10 □ パイロット
11 □ デザイナー
12 □ タイムサービス
13 □ 新春セール

14 □ 3 割引
15 □ 定価
16 □ 半額
17 □ 値段
18 □ シャツ
19 □ スカート
20 □ 色
21 □ 赤
22 □ 青
23 □ お正月
24 □ 時間
25 □ 将来
26 □ 準備

27 □ 病気
28 □ なります
29 □ 開きます
30 □ 似合います
31 □ うるさい
32 □ シンプル
33 □ 間もなく
34 □ もうすぐ
35 □ さらに / もっと
36 □ できるだけ
37 □ まとめて
38 □ 今から

第19课

 音频

🪭 **重点单词学一学**

01 品物（しなもの）⓪
［名］物品，商品 ＿＿＿＿＿＿＿

02 お皿（おさら）⓪
［名］盘子 ＿＿＿＿＿＿＿

03 ごみ②
［名］垃圾 ＿＿＿＿＿＿＿

04 初心者（しょしんしゃ）②
［名］初学者 ＿＿＿＿＿＿＿

05 上級者（じょうきゅうしゃ）③
［名］熟练者 ＿＿＿＿＿＿＿

06 高級（こうきゅう）⓪
［名］高级 ＿＿＿＿＿＿＿

07 上級クラス（じょうきゅうクラス）⑤
［名］高级班 ＿＿＿＿＿＿＿

08 英会話（えいかいわ）③
［名］英语会话 ＿＿＿＿＿＿＿

09 コース①
［名］路线；滑道 ＿＿＿＿＿＿＿

10 スキー②
［名］滑雪 ＿＿＿＿＿＿＿

11 レポート②
［名］报告 ＿＿＿＿＿＿＿

12 パスポート③
［名］护照 ＿＿＿＿＿＿＿

13 のど①
［名］喉咙 ＿＿＿＿＿＿＿

14 触ります（さわります）④
［动1］碰，触 ＿＿＿＿＿＿＿

15 脱ぎます（ぬぎます）③
［动1］脱 ＿＿＿＿＿＿＿

16 転びます（ころびます）④
［动1］摔，摔倒，跌倒 ＿＿＿＿＿＿＿

17 渇きます（かわきます）④
［动1］渇 ＿＿＿＿＿＿＿

18 治ります（なおります）④
［动1］痊愈，医好 ＿＿＿＿＿＿＿

19 滑ります（すべります）④
［动1］滑，滑行 ＿＿＿＿＿＿＿

20 呼びます（よびます）③
［动1］呼喊 ＿＿＿＿＿＿＿

21 返します（かえします）④
［动1］归还 ＿＿＿＿＿＿＿

22 手伝います（てつだいます）⑤
［动1］帮忙 ＿＿＿＿＿＿＿

23 運びます（はこびます）④
［动1］搬运 ＿＿＿＿＿＿＿

24 なくします④
［动1］丢，丢失 ＿＿＿＿＿＿＿

25 落とします（おとします）④
［动1］掉，使落下 ＿＿＿＿＿＿＿

26 置きます（おきます）③
［动1］放置 ＿＿＿＿＿＿＿

27 払います（はらいます）④
［动1］支付 ＿＿＿＿＿＿＿

28 立ちます（たちます）③
［动1］站，立 ＿＿＿＿＿＿＿

29 忘れます（わすれます）④
　　［動2］忘记 _____

30 慌てます（あわてます）④
　　［動2］慌张，惊慌，着急
　　　　　_____

31 捨てます（すてます）③
　　［動2］扔，扔掉 _____

32 残業します（ざんぎょうします）⑥
　　［動3］加班 _____

33 心配します（しんぱいします）⑥
　　［動3］担心 _____

34 本当（ほんとう）⓪
　　［形2］真的，真正的 _____

35 早く（はやく）①
　　［副］早点儿 _____

36 やっと⓪
　　［副］好不容易，终于 _____

37 だいぶ⓪
　　［副］很，相当地 _____

38 初めて（はじめて）②
　　［副］第一次 _____

39 先に（さきに）⓪
　　［副］先 _____

一、请写出假名对应的日语汉字

01 おさら _____
02 しなもの _____
03 ほんとう _____
04 はじめて _____
05 こうきゅう _____
06 えいかいわ _____
07 しょしんしゃ _____
08 じょうきゅうしゃ _____
09 ころびます _____
10 はこびます _____

11 おとします _____
12 かえします _____
13 おきます _____
14 すてます _____
15 あわてます _____
16 すべります _____
17 さわります _____
18 なおります _____
19 しんぱいします _____
20 ざんぎょうします _____

二、请写出日语汉字对应的假名

01 早く _____
02 先に _____
03 初めて _____
04 お皿 _____
05 品物 _____
06 本当 _____

07 高級 _____
08 初心者 _____
09 上級クラス _____
10 手伝います _____
11 払います _____
12 脱ぎます _____

13	渇きます _____	17	慌てます _____
14	呼びます _____	18	捨てます _____
15	立ちます _____	19	残業します _____
16	忘れます _____	20	心配します _____

三、请写出中文对应的日语单词或表达

01	报告 _____	16	搬运 _____
02	护照 _____	17	放置 _____
03	喉咙 _____	18	痊愈，医好 _____
04	垃圾 _____	19	站，立 _____
05	滑雪 _____	20	支付 _____
06	路线；滑道 _____	21	丢，丢失 _____
07	初学者 _____	22	掉，使落下 _____
08	熟练者 _____	23	脱 _____
09	英语会话 _____	24	渴 _____
10	碰，触 _____	25	真的，真正的 _____
11	滑，滑行 _____	26	先 _____
12	摔，摔倒，跌倒 _____	27	第一次 _____
13	慌张，惊慌，着急 _____	28	早点儿 _____
14	呼喊 _____	29	很，相当地 _____
15	帮忙 _____	30	好不容易，终于 _____

四、听写练习

音频

01	_____	02	_____	03	_____	04	_____
05	_____	06	_____	07	_____	08	_____
09	_____	10	_____	11	_____	12	_____
13	_____	14	_____	15	_____	16	_____

返记词汇列表

01	☐ 品物	14	☐ 触ります	27	☐ 払います		
02	☐ お皿	15	☐ 脱ぎます	28	☐ 立ちます		
03	☐ ごみ	16	☐ 転びます	29	☐ 忘れます		
04	☐ 初心者	17	☐ 渇きます	30	☐ 慌てます		
05	☐ 上級者	18	☐ 治ります	31	☐ 捨てます		
06	☐ 高級	19	☐ 滑ります	32	☐ 残業します		
07	☐ 上級クラス	20	☐ 呼びます	33	☐ 心配します		
08	☐ 英会話	21	☐ 返します	34	☐ 本当		
09	☐ コース	22	☐ 手伝います	35	☐ 早く		
10	☐ スキー	23	☐ 運びます	36	☐ やっと		
11	☐ レポート	24	☐ なくします	37	☐ だいぶ		
12	☐ パスポート	25	☐ 落とします	38	☐ 初めて		
13	☐ のど	26	☐ 置きます	39	☐ 先に		

音频

重点单词学一学

01 趣味（しゅみ）①
[名] 爱好 ＿＿＿＿＿＿＿＿

02 特技（とくぎ）①
[名] 特长，拿手的技术
＿＿＿＿＿＿＿＿

03 興味（きょうみ）①
[名] 兴趣 ＿＿＿＿＿＿＿＿

04 夢（ゆめ）②
[名] 梦；理想 ＿＿＿＿＿＿＿＿

05 ギター①
[名] 吉他 ＿＿＿＿＿＿＿＿

06 書道（しょどう）①
[名] 书法 ＿＿＿＿＿＿＿＿

07 釣り（つり）⓪
[名] 钓鱼 ＿＿＿＿＿＿＿＿

08 ドライブ②
[名] 兜风，开汽车远游 ＿＿＿＿＿＿＿＿

09 編み物（あみもの）②
[名] 编织；编织品 ＿＿＿＿＿＿＿＿

10 手作り（てづくり）②
[名] 手工做，自己做，手制
＿＿＿＿＿＿＿＿

11 中華料理（ちゅうかりょうり）④
[名] 中国菜 ＿＿＿＿＿＿＿＿

12 餃子（ギョーザ）⓪
[名] 饺子 ＿＿＿＿＿＿＿＿

13	皮（かわ）②	26	みんな③
	[名] 皮 _____		[名] 大家 _____
14	春節（しゅんせつ）⓪	27	自分（じぶん）⓪
	[名] 春节 _____		[名] 自己 _____
15	寮（りょう）①	28	全員（ぜんいん）⓪
	[名] 宿舎 _____		[名] 全员 _____
16	洗濯機（せんたくき）④	29	弾きます（ひきます）③
	[名] 洗衣机 _____		[动1] 弹 _____
17	シャワー①	30	すきます③
	[名] 淋浴 _____		[动1]（肚子）饿，空 _____
18	おなか⓪	31	登ります（のぼります）④
	[名] 肚子 _____		[动1] 登，上 _____
19	授業（じゅぎょう）①	32	集めます（あつめます）④
	[名] 授课，上课 _____		[动2] 收集 _____
20	資料（しりょう）①	33	浴びます（あびます）③
	[名] 资料 _____		[动2] 淋；浇 _____
21	フランス語（フランスご）⓪	34	ごちそうします⑥
	[名] 法语 _____		[动3] 请客，摆盛宴 _____
22	小説（しょうせつ）⓪	35	帰国します（きこくします）⑤
	[名] 小说 _____		[动3] 回国 _____
23	海岸（かいがん）⓪	36	特に（とくに）①
	[名] 海岸 _____		[副] 特别 _____
24	冬休み（ふゆやすみ）③	37	おなかがすきます⑦
	[名] 寒假 _____		肚子饿 _____
25	キャンプ①		
	[名] 野营 _____		

一、请写出假名对应的日语汉字

01	つり _____	06	しゅみ _____
02	ゆめ _____	07	きょうみ _____
03	てづくり _____	08	とくぎ _____
04	あみもの _____	09	じぶん _____
05	しょどう _____	10	ぜんいん _____

11	りょう ＿＿＿＿＿	16	しゅんせつ ＿＿＿＿＿
12	しりょう ＿＿＿＿＿	17	ふゆやすみ ＿＿＿＿＿
13	じゅぎょう ＿＿＿＿＿	18	かいがん ＿＿＿＿＿
14	しょうせつ ＿＿＿＿＿	19	ひきます ＿＿＿＿＿
15	せんたくき ＿＿＿＿＿	20	きこくします ＿＿＿＿＿

二、请写出日语汉字对应的假名

01	夢 ＿＿＿＿＿	11	自分 ＿＿＿＿＿
02	寮 ＿＿＿＿＿	12	全員 ＿＿＿＿＿
03	皮 ＿＿＿＿＿	13	授業 ＿＿＿＿＿
04	餃子 ＿＿＿＿＿	14	洗濯機 ＿＿＿＿＿
05	手作り ＿＿＿＿＿	15	登ります ＿＿＿＿＿
06	中華料理 ＿＿＿＿＿	16	浴びます ＿＿＿＿＿
07	フランス語 ＿＿＿＿＿	17	集めます ＿＿＿＿＿
08	興味 ＿＿＿＿＿	18	弾きます ＿＿＿＿＿
09	趣味 ＿＿＿＿＿	19	帰国します ＿＿＿＿＿
10	小説 ＿＿＿＿＿	20	特に ＿＿＿＿＿

三、请写出中文对应的日语单词或表达

01	爱好 ＿＿＿＿＿	14	淋浴 ＿＿＿＿＿
02	兴趣 ＿＿＿＿＿	15	法语 ＿＿＿＿＿
03	梦；理想 ＿＿＿＿＿	16	授课，上课 ＿＿＿＿＿
04	特长，拿手的技术 ＿＿＿＿＿	17	小说 ＿＿＿＿＿
05	中国菜 ＿＿＿＿＿	18	资料 ＿＿＿＿＿
06	手工做，自己做，手制 ＿＿＿＿＿	19	大家 ＿＿＿＿＿
07	编织；编织品 ＿＿＿＿＿	20	野营 ＿＿＿＿＿
08	春节 ＿＿＿＿＿	21	海岸 ＿＿＿＿＿
09	饺子 ＿＿＿＿＿	22	兜风，开汽车远游 ＿＿＿＿＿
10	皮 ＿＿＿＿＿	23	吉他 ＿＿＿＿＿
11	肚子 ＿＿＿＿＿	24	弹 ＿＿＿＿＿
12	宿舍 ＿＿＿＿＿	25	登，上 ＿＿＿＿＿
13	洗衣机 ＿＿＿＿＿	26	收集 ＿＿＿＿＿

27	（肚子）饿，空 ＿＿＿＿＿＿＿	29	特别 ＿＿＿＿＿＿＿
28	请客，摆盛宴 ＿＿＿＿＿＿＿	30	寒假 ＿＿＿＿＿＿＿

四、听写练习

音
频

01	＿＿＿＿＿＿	02	＿＿＿＿＿＿	03	＿＿＿＿＿＿	04	＿＿＿＿＿＿
05	＿＿＿＿＿＿	06	＿＿＿＿＿＿	07	＿＿＿＿＿＿	08	＿＿＿＿＿＿
09	＿＿＿＿＿＿	10	＿＿＿＿＿＿	11	＿＿＿＿＿＿	12	＿＿＿＿＿＿
13	＿＿＿＿＿＿	14	＿＿＿＿＿＿	15	＿＿＿＿＿＿	16	＿＿＿＿＿＿

返记词汇列表

01	☐ 趣味	14	☐ 春節	27	☐ 自分
02	☐ 特技	15	☐ 寮	28	☐ 全員
03	☐ 興味	16	☐ 洗濯機	29	☐ 弾きます
04	☐ 夢	17	☐ シャワー	30	☐ すきます
05	☐ ギター	18	☐ おなか	31	☐ 登ります
06	☐ 書道	19	☐ 授業	32	☐ 集めます
07	☐ 釣り	20	☐ 資料	33	☐ 浴びます
08	☐ ドライブ	21	☐ フランス語	34	☐ ごちそうします
09	☐ 編み物	22	☐ 小説	35	☐ 帰国します
10	☐ 手作り	23	☐ 海岸	36	☐ 特に
11	☐ 中華料理	24	☐ 冬休み	37	☐ おなかがすきます
12	☐ 餃子	25	☐ キャンプ		
13	☐ 皮	26	☐ みんな		

単元測試（五）

もんだい1 ＿＿＿＿＿の ことばは ひらがなで どう かきますか。1・2・3・4から いちばん いい ものを ひとつ えらんで ください。

[1] 私は新しい洋服が欲しいです。

    1. よふく   2. よっふく   3. よいふく   4. ようふく

[2] 大学の先輩に会いたいです。

    1. せんせい   2. せんぱい   3. せんげつ   4. だんせい

[3] あの建物は立派ですね。

    1. りぱ   2. りいぱい   3. りっぱ   4. りっぱい

[4] 息子は去年医者になりました。

    1. いしゃ   2. がくしゃ   3. しゃいん   4. しゃかいじん

[5] 靴を脱がなくてもいいですよ。

    1. およがなく   2. すがなく   3. ぬがなく   4. いそがなく

もんだい2 ＿＿＿＿＿の ことばは どう かきますか。1・2・3・4から いちばん いい ものを ひとつ えらんで ください。

[1] 机の上に荷物をおかないでください。

    1. 働かないで   2. 置かないで   3. 行かないで   4. 書かないで

[2] 私のしゅみはギターを弾くことです。

    1. 夢   2. 興味   3. 趣味   4. 特技

[3] 寝る前に、シャワーをあびます。

    1. 遊びます   2. 飛びます   3. 選びます   4. 浴びます

[4] 仕事が多いから、明日はざんぎょうしなければなりません。

    1. 心配   2. 帰国   3. 連絡   4. 残業

[5] タイムサービスの時、品物はていかの３割引になります。

    1. 定価   2. 値段   3. 時間   4. 半額

もんだい3　（　　）に　なにを　いれますか。1・2・3・4から　いちばん　いい　もの
を　ひとつ　えらんで　ください。

[1]　私は新しいパソコンが（　　）です。

　　1.　したい　　　　　　2.　聞きたい　　　　　3.　ほしい　　　　　4.　買いたい

[2]　これはとても簡単です。だれ（　　）できます。

　　1.　は　　　　　　　　2.　から　　　　　　　3.　でも　　　　　　4.　まで

[3]　今度（　　）家へ遊びに来てください。

　　1.　ぜひ　　　　　　　2.　まず　　　　　　　3.　そろそろ　　　　4.　さらに

[4]　部屋が汚いですよ。（　　）にしてください。

　　1.　きれい　　　　　　2.　暖かく　　　　　　3.　静か　　　　　　4.　うるさく

[5]　時間がありますから、（　　）なくてもいいです。

　　1.　飛ば　　　　　　　2.　慌て　　　　　　　3.　忘れ　　　　　　4.　落とさ

第六单元

ユニット ⑥

第21课 音频

🪭 **重点单词学一学**

01 言葉（ことば）③
[名] 语言 _____

02 メールアドレス④
[名] 邮件地址 _____

03 連休（れんきゅう）⓪
[名] 连休 _____

04 ゴールデンウィーク⑥
[名] 黄金周 _____

05 終わり（おわり）⓪
[名] 结束 _____

06 休憩時間（きゅうけいじかん）⑤
[名] 休息时间 _____

07 京劇（きょうげき）⓪
[名] 京剧 _____

08 切符（きっぷ）⓪
[名] 票（券）_____

09 体（からだ）⓪
[名] 身体 _____

10 地震（じしん）⓪
[名] 地震 _____

11 泥棒（どろぼう）⓪
[名] 小偷，盗贼 _____

12 駐車場（ちゅうしゃじょう）⓪
[名] 停车场 _____

13 渡します（わたします）④
[动1] 交给 _____

14 遅れます（おくれます）④
[动2] 迟到 _____

15 考えます（かんがえます）⑤
[动2] 考虑 _____

16 調べます（しらべます）④
[动2] 调查 _____

17 着ます（きます）②
[动2] 穿 _____

18 予約します（よやくします）⑤
[动3] 预约，预定 _____

19 感謝します（かんしゃします）①
[动3] 感谢 _____

20 運動します（うんどうします）⑥
[动3] 运动 _____

21 洗濯します（せんたくします）⑥
[动3] 洗涤，洗 _____

22 報告します（ほうこくします）⑥
[动3] 报告 _____

23 危ない（あぶない）⓪
[形1] 危险的 _____

24 それとも③
[连] 还是，或者 _____

25 そんなに⓪
那么 _____

一、请写出假名对应的日语汉字

01 じしん _____
02 からだ _____
03 ことば _____
04 おわり _____
05 きっぷ _____
06 きょうげき _____
07 れんきゅう _____
08 どろぼう _____

09 わたします _____
10 しらべます _____
11 おくれます _____
12 かんがえます _____
13 せんたくします _____
14 うんどうします _____
15 ほうこくします _____

二、请写出日语汉字对应的假名

01 体 _____
02 言葉 _____
03 切符 _____
04 泥棒 _____
05 地震 _____
06 駐車場 _____
07 休憩時間 _____
08 終わり _____

09 危ない _____
10 着ます _____
11 調べます _____
12 遅れます _____
13 考えます _____
14 予約します _____
15 感謝します _____

三、请写出中文对应的日语单词或表达

01 票（券）_____
02 黄金周 _____
03 连休 _____
04 休息时间 _____
05 邮件地址 _____
06 小偷，盗贼 _____
07 危险的 _____
08 结束 _____
09 调查 _____
10 报告 _____

11 考虑 _____
12 交给 _____
13 预约，预定 _____
14 迟到 _____
15 穿 _____
16 运动 _____
17 洗涤，洗 _____
18 感谢 _____
19 还是，或者 _____
20 那么 _____

音频

01	_____	02	_____	03	_____	04	_____
05	_____	06	_____	07	_____	08	_____
09	_____	10	_____	11	_____	12	_____
13	_____	14	_____	15	_____	16	_____

返记词汇列表

01	□ 言葉	10	□ 地震	19	□ 感謝します
02	□ メールアドレス	11	□ 泥棒	20	□ 運動します
03	□ 連休	12	□ 駐車場	21	□ 洗濯します
04	□ ゴールデンウィーク	13	□ 渡します	22	□ 報告します
05	□ 終わり	14	□ 遅れます	23	□ 危ない
06	□ 休憩時間	15	□ 考えます	24	□ それとも
07	□ 京劇	16	□ 調べます	25	□ そんなに
08	□ 切符	17	□ 着ます		
09	□ 体	18	□ 予約します		

第22课

音频

重点单词学一学

01 スキー場（スキーじょう）⓪
［名］滑雪场 _____

02 送別会（そうべつかい）④
［名］欢送会 _____

03 都合（つごう）⓪
［名］方便；情况 _____

04 予定（よてい）⓪
［名］预计，预定 _____

05 おもちゃ②
［名］玩具 _____

06 火事（かじ）①
［名］火灾 _____

07 期間（きかん）①
［名］时间，期间 _____

08 転勤（てんきん）⓪
［名］调动工作 _____

09　携帯（けいたい）⓪
　　［名］手机 _____

10　バドミントン③
　　［名］羽毛球 _____

11　ラケット②
　　［名］球拍 _____

12　奥さん（おくさん）①
　　［名］夫人，（别人的）爱人
　　　　　　_____

13　歌手（かしゅ）①
　　［名］歌手 _____

14　大統領（だいとうりょう）③
　　［名］总统 _____

15　やります③
　　［动1］做 _____

16　嬉しい（うれしい）③
　　［形1］高兴的 _____

17　眠い（ねむい）⓪
　　［形1］困倦的 _____

18　重い（おもい）⓪
　　［形1］重的，沉重的 _____

19　急（きゅう）⓪
　　［形2］突然的；紧急的 _____

20　まあまあ③
　　［副］大致，还算 _____

21　あんまり⓪
　　［副］太，非常，过于 _____

22　ごめん②
　　［叹］抱歉，请原谅 _____

一、请写出假名对应的日语汉字

01　かじ _____
02　かしゅ _____
03　きゅう _____
04　きかん _____
05　よてい _____
06　つごう _____
07　けいたい _____
08　てんきん _____

09　そうべつかい _____
10　スキーじょう _____
11　ねむい _____
12　おもい _____
13　うれしい _____
14　おくさん _____
15　だいとうりょう _____

二、请写出日语汉字对应的假名

01　急 _____
02　火事 _____
03　予定 _____
04　都合 _____
05　期間 _____
06　転勤 _____

07　携帯 _____
08　送別会 _____
09　歌手 _____
10　奥さん _____
11　大統領 _____
12　スキー場 _____

13 | 重い _____   15 | 嬉しい _____

14 | 眠い _____

三、请写出中文对应的日语单词或表达

01 | 玩具 _____   11 | 高兴的 _____

02 | 羽毛球 _____   12 | 调动工作 _____

03 | 球拍 _____   13 | 欢送会 _____

04 | 做 _____   14 | 时间，期间 _____

05 | 突然的；紧急的 _____ 15 | 手机 _____

06 | 大致，还算 _____   16 | 方便；情况 _____

07 | 太，非常，过于 _____ 17 | 预计，预定 _____

08 | 抱歉，请原谅 _____   18 | 滑雪场 _____

09 | 困倦的 _____   19 | 火灾 _____

10 | 重的，沉重的 _____   20 | 夫人，（别人的）爱人 _____

四、听写练习 音频

01 | _____   02 | _____   03 | _____   04 | _____

05 | _____   06 | _____   07 | _____   08 | _____

09 | _____   10 | _____   11 | _____   12 | _____

13 | _____   14 | _____   15 | _____   16 | _____

📖 返记词汇列表

01 | ☐ スキー場   09 | ☐ 携帯   17 | ☐ 眠い

02 | ☐ 送別会   10 | ☐ バドミントン   18 | ☐ 重い

03 | ☐ 都合   11 | ☐ ラケット   19 | ☐ 急

04 | ☐ 予定   12 | ☐ 奥さん   20 | ☐ まあまあ

05 | ☐ おもちゃ   13 | ☐ 歌手   21 | ☐ あんまり

06 | ☐ 火事   14 | ☐ 大統領   22 | ☐ ごめん

07 | ☐ 期間   15 | ☐ やります

08 | ☐ 転勤   16 | ☐ 嬉しい

第23课

音频

🔸 重点单词学一学

01 | 週末（しゅうまつ）⓪
[名] 周末 ＿＿＿＿＿＿＿

02 | スケート⓪
[名] 滑冰，溜冰 ＿＿＿＿＿＿＿

03 | 味（あじ）⓪
[名] 口味，（食物的）味道
＿＿＿＿＿＿＿

04 | 毎回（まいかい）⓪
[名] 每次，每回 ＿＿＿＿＿＿＿

05 | 通勤（つうきん）⓪
[名] 上下班，通勤 ＿＿＿＿＿＿＿

06 | 船（ふね）①
[名] 船 ＿＿＿＿＿＿＿

07 | 生地（きじ）①
[名] 布料，衣料 ＿＿＿＿＿＿＿

08 | 閉店時刻（へいてんじこく）⑤
[名] 关门时间 ＿＿＿＿＿＿＿

09 | 卒業式（そつぎょうしき）③
[名] 毕业典礼 ＿＿＿＿＿＿＿

10 | 違います（ちがいます）④
[动1] 不同，不一样 ＿＿＿＿＿＿＿

11 | 込みます（こみます）③
[动1] 拥挤，混杂 ＿＿＿＿＿＿＿

12 | 決まります（きまります）④
[动1] 定，决定 ＿＿＿＿＿＿＿

13 | 知らせます（しらせます）④
[动2] 告诉 ＿＿＿＿＿＿＿

14 | 確かめます（たしかめます）⑤
[动2] 查（看），弄清
＿＿＿＿＿＿＿

15 | 濃い（こい）①
[形1]（口味）重的；浓的
＿＿＿＿＿＿＿

16 | 薄い（うすい）⓪
[形1]（口味）轻的；薄的
＿＿＿＿＿＿＿

17 | 早い（はやい）②
[形1] 早的 ＿＿＿＿＿＿＿

18 | 遅い（おそい）⓪
[形1] 晚的；慢的 ＿＿＿＿＿＿＿

19 | たぶん①
[副] 可能，大概 ＿＿＿＿＿＿＿

一、请写出假名对应的日语汉字

01 | きじ ＿＿＿＿＿＿＿

02 | あじ ＿＿＿＿＿＿＿

03 | こい ＿＿＿＿＿＿＿

04 | うすい ＿＿＿＿＿＿＿

05 | ふね ＿＿＿＿＿＿＿

06 | まいかい ＿＿＿＿＿＿＿

07 | つうきん ＿＿＿＿＿＿＿

08 | はやい ＿＿＿＿＿＿＿

09 | おそい ＿＿＿＿＿＿＿

10 | しゅうまつ ＿＿＿＿＿＿＿

11　へいてんじこく _____ 　　　14　ちがいます _____

12　そつぎょうしき _____ 　　　15　たしかめます _____

13　こみます _____

二、请写出日语汉字对应的假名

01　船 _____ 　　　09　薄い _____

02　味 _____ 　　　10　濃い _____

03　生地 _____ 　　　11　込みます _____

04　週末 _____ 　　　12　違います _____

05　通勤 _____ 　　　13　決まります _____

06　卒業式 _____ 　　　14　知らせます _____

07　遅い _____ 　　　15　確かめます _____

08　早い _____

三、请写出中文对应的日语单词或表达

01　每次，每回 _____ 　　　09　（口味）重的；浓的 _____

02　上下班，通勤 _____ 　　　10　（口味）轻的；薄的 _____

03　布料，衣料 _____ 　　　11　晚的；慢的 _____

04　关门时间 _____ 　　　12　查（看），弄清 _____

05　周末 _____ 　　　13　可能，大概 _____

06　不同，不一样 _____ 　　　14　定，决定 _____

07　拥挤，混杂 _____ 　　　15　告诉 _____

08　口味，（食物的）味道 _____

四、听写练习　音频

01 _____ 　　02 _____ 　　03 _____ 　　04 _____

05 _____ 　　06 _____ 　　07 _____ 　　08 _____

09 _____ 　　10 _____ 　　11 _____ 　　12 _____

13 _____ 　　14 _____ 　　15 _____ 　　16 _____

返记词汇列表

01 ☐ 週末	08 ☐ 閉店時刻	15 ☐ 濃い
02 ☐ スケート	09 ☐ 卒業式	16 ☐ 薄い
03 ☐ 味	10 ☐ 違います	17 ☐ 早い
04 ☐ 毎回	11 ☐ 込みます	18 ☐ 遅い
05 ☐ 通勤	12 ☐ 決まります	19 ☐ たぶん
06 ☐ 船	13 ☐ 知らせます	
07 ☐ 生地	14 ☐ 確かめます	

音频

重点单词学一学

01 ハイキング ①
[名] 郊游，远足 ＿＿＿＿＿＿

02 お別れ（おわかれ）⓪
[名] 分别，分手 ＿＿＿＿＿＿

03 話（はなし）③
[名] 说话 ＿＿＿＿＿＿

04 見送り（みおくり）⓪
[名] 送行，送别 ＿＿＿＿＿＿

05 間（あいだ）⓪
[名] 时间，期间 ＿＿＿＿＿＿

06 法律（ほうりつ）⓪
[名] 法律 ＿＿＿＿＿＿

07 思います（おもいます）④
[动1] 想，思考 ＿＿＿＿＿＿

08 言います（いいます）③
[动1] 说，讲 ＿＿＿＿＿＿

09 探します（さがします）④
[动1] 找，寻找，寻求 ＿＿＿＿＿＿

10 笑います（わらいます）④
[动1] 笑 ＿＿＿＿＿＿

11 やめます③
[动2] 戒，停止，放弃 ＿＿＿＿＿＿

12 決めます（きめます）③
[动2] 决定 ＿＿＿＿＿＿

13 寝坊します（ねぼうします）⑤
[动3] 睡懒觉 ＿＿＿＿＿＿

14 外出します（がいしゅつします）⑥
[动3] 外出，出去 ＿＿＿＿＿＿

15 研究します（けんきゅうします）⑥
[动3] 研究 ＿＿＿＿＿＿

16 おかしい③
[形1] 可笑的，滑稽的 ＿＿＿＿＿＿

17 すごい②
[形1] 惊人的，了不起的
＿＿＿＿＿＿

18 いっぱい⓪
[副] 满 ＿＿＿＿＿＿

19	とうとう ① [副] 终于，终究，到底 _____	24	お元気で（おげんきで）② 请多保重 _____

19 とうとう ①
　　[副] 终于，终究，到底 _____

24 お元気で（おげんきで）②
　　请多保重 _____

20 必ず（かならず）⓪
　　[副] 一定，必定 _____

25 お気をつけて（おきをつけて）⓪
　　小心点儿 _____

21 絶対に（ぜったいに）⓪
　　[副] 绝对 _____

26 さようなら ⑤
　　再见 _____

22 お世話になりました（おせわになりま
　　した）②+③
　　承蒙照顾 _____

27 どうやって ①
　　怎样，如何 _____

23 よろしくお伝えください（よろしくお
　　つたえください）④+⑦
　　请代问好 _____

28 役に立ちます（やくにたちます）②+③
　　有用 _____

29 おなかがいっぱいです ⑨
　　吃饱，饱 _____

一、请写出假名对应的日语汉字

01 あいだ _____
02 はなし _____
03 みおくり _____
04 おわかれ _____
05 ほうりつ _____
06 いいます _____
07 きめます _____
08 おもいます _____
09 わらいます _____
10 さがします _____

11 ねぼうします _____
12 がいしゅつします _____
13 けんきゅうします _____
14 やくにたちます _____
15 おきをつけて _____
16 おげんきで _____
17 かならず _____
18 ぜったいに _____
19 おせわになりました _____
20 よろしくおつたえください _____

二、请写出日语汉字对应的假名

01 話 _____
02 間 _____
03 法律 _____
04 お別れ _____
05 見送り _____
06 必ず _____
07 絶対に _____

08 お元気で _____
09 お気をつけて _____
10 決めます _____
11 探します _____
12 言います _____
13 思います _____
14 笑います _____

15 外出します ＿＿＿＿＿＿

16 研究します ＿＿＿＿＿＿

17 寝坊します ＿＿＿＿＿＿

18 役に立ちます ＿＿＿＿＿＿

19 よろしくお伝えください ＿＿＿＿＿＿

20 お世話になりました ＿＿＿＿＿＿

三、请写出中文对应的日语单词或表达

01 送行，送别 ＿＿＿＿＿＿

02 时间，期间 ＿＿＿＿＿＿

03 分别，分手 ＿＿＿＿＿＿

04 郊游，远足 ＿＿＿＿＿＿

05 戒，停止，放弃 ＿＿＿＿＿＿

06 找，寻找，寻求 ＿＿＿＿＿＿

07 想，思考 ＿＿＿＿＿＿

08 说，讲 ＿＿＿＿＿＿

09 睡懒觉 ＿＿＿＿＿＿

10 可笑的，滑稽的 ＿＿＿＿＿＿

11 惊人的，了不起的 ＿＿＿＿＿＿

12 满 ＿＿＿＿＿＿

13 终于，终究，到底 ＿＿＿＿＿＿

14 再见 ＿＿＿＿＿＿

15 怎样，如何 ＿＿＿＿＿＿

16 吃饱，饱 ＿＿＿＿＿＿

17 承蒙照顾 ＿＿＿＿＿＿

18 笑 ＿＿＿＿＿＿

19 请多保重 ＿＿＿＿＿＿

20 小心点儿 ＿＿＿＿＿＿

四、听写练习   音频

01 ＿＿＿＿＿ 　　02 ＿＿＿＿＿ 　　03 ＿＿＿＿＿ 　　04 ＿＿＿＿＿

05 ＿＿＿＿＿ 　　06 ＿＿＿＿＿ 　　07 ＿＿＿＿＿ 　　08 ＿＿＿＿＿

09 ＿＿＿＿＿ 　　10 ＿＿＿＿＿ 　　11 ＿＿＿＿＿ 　　12 ＿＿＿＿＿

13 ＿＿＿＿＿ 　　14 ＿＿＿＿＿ 　　15 ＿＿＿＿＿ 　　16 ＿＿＿＿＿

🪭 返记词汇列表

01 □ ハイキング

02 □ お別れ

03 □ 話

04 □ 見送り

05 □ 間

06 □ 法律

07 □ 思います

08 □ 言います

09 □ 探します

10 □ 笑います

11 □ やめます

12 □ 決めます

13 □ 寝坊します

14 □ 外出します

15 □ 研究します

16 □ おかしい

17 □ すごい

18 □ いっぱい

19 □ とうとう

20 □ 必ず

21 □ 絶対に

22	□ お世話になりました	24	□ お元気で	27	□ どうやって
23	□ よろしくお伝えくだ	25	□ お気をつけて	28	□ 役に立ちます
	さい	26	□ さようなら	29	□ おなかがいっぱいです

単元測試（六）

もんだい1 ＿＿＿＿＿の ことばは ひらがなで どう かきますか。1・2・3・4から いちばん いい ものを ひとつ えらんで ください。

[1] 歌舞伎の<u>切符</u>を買いましょうか。

　　1. きて　　　　　　2. きぷ　　　　　　3. きって　　　　　　4. きっぷ

[2] 掃除した後で、<u>洗濯</u>します。

　　1. かんしゃ　　　　2. せんたく　　　　3. ほうこく　　　　4. うんどう

[3] <u>連休</u>ですから、ホテルを予約したほうがいいです。

　　1. れきゅう　　　　2. れんきゅう　　　3. れんきゅ　　　　4. れきゅ

[4] 私は土曜日に<u>予定</u>がありません。

　　1. けいたい　　　　2. きかん　　　　　3. よてい　　　　　4. つごう

[5] 閉店時刻は早かったり、<u>遅かったり</u>です。

　　1. おそかったり　　2. うすかったり　　3. あぶなかったり　　4. はやかったり

もんだい2 ＿＿＿＿＿の ことばは どう かきますか。1・2・3・4から いちばん いい ものを ひとつ えらんで ください。

[1] <u>けっこんしき</u>のやり方は国によって違います。

　　1. 送別会　　　　　2. 歓迎会　　　　　3. 結婚式　　　　　4. 卒業式

[2] 短い<u>あいだ</u>でしたが、とても楽しかったです。

　　1. 時間　　　　　　2. 間　　　　　　　3. 期間　　　　　　4. 年間

[3] A:「どうして行きませんでしたか。」

　　B:「<u>つごう</u>が悪かったんです。」

　　1. 体　　　　　　　2. 場所　　　　　　3. 転勤　　　　　　4. 都合

[4] 李さんを<u>さがして</u>いるんですが、どこにいますか。

    1. 探して　　　　　2. 寝坊して　　　　　3. 話して　　　　　4. 消して

[5] 明日はハイキングに行くと<u>おもいます</u>。

    1. 思います　　　　2. 言います　　　　3. 買います　　　　4. 習います

**もんだい3　（　　）に　なにを　いれますか。1・2・3・4から　いちばん　いい　もの
を　ひとつ　えらんで　ください。**

[1] 森さんは京劇を（　　）ことがありますか。

    1. 食べた　　　　　2. 行った　　　　　3. 遅れた　　　　　4. 見た

[2] （　　）慌てないほうがいいですよ。

    1. それとも　　　　2. どうやって　　　　3. そんなに　　　　4. たくさん

[3] 小野さんは李さんに旅行に（　　）と言いました。

    1. 探したい　　　　2. 欲しい　　　　　3. 始めたい　　　　4. 行きたい

[4] 明日会社が（　　）後で、飲みに行きましょう。

    1. 終わった　　　　2. 閉めた　　　　　3. 予約した　　　　4. 考えた

[5] どの料理がおいしいか（　　）。

    1. 思いません　　　2. 知りません　　　3. 考えません　　　4. ありません

もんだい1 ＿＿＿＿の ことばは ひらがなで どう かきますか。1・2・3・4から いちばん いい ものを ひとつ えらんで ください。

[1] 庭に花があります。

1. ほな　　　　　2. はな　　　　　3. か　　　　　4. は

[2] 近くに新しい店ができました。

1. みせ　　　　　2. みち　　　　　3. うち　　　　　4. いえ

[3] 町の北に山が見えます。

1. ひがし　　　　2. にし　　　　　3. みなみ　　　　4. きた

[4] 来月の八日に日本へ行きます。

1. よっか　　　　2. ようか　　　　3. はちか　　　　4. はつか

[5] 切符は二枚で六百円です。

1. ろくひゃく　　2. ろっひゃく　　3. ろくぴゃく　　4. ろっぴゃく

[6] 私は先週病院へ行きました。

1. こんしゅう　　2. せんしゅう　　3. らいしゅう　　4. まいしゅう

[7] あの黒いカバンはいくらですか。

1. あかい　　　　2. あおい　　　　3. くろい　　　　4. しろい

[8] 李さんはピアノが上手です。

1. じょうず　　　2. へた　　　　　3. にがて　　　　4. とくい

[9] 試験は何時に始まりますか。

1. きまり　　　　2. とまり　　　　3. はじまり　　　4. しまり

[10] 今日は早く帰ってくださいね。

1. いって　　　　2. もどって　　　3. ならって　　　4. かえって

もんだい2 ＿＿＿＿の ことばは どう かきますか。1・2・3・4から いちばん いい ものを ひとつ えらんで ください。

[1] あには背が高いです。

1. 父　　　　　　2. 母　　　　　　3. 兄　　　　　　4. 姉

[2] <u>ともだち</u>から誕生日プレゼントをもらいました。

    1. 友達　　　　　2. 先生　　　　　3. 先輩　　　　　4. 後輩

[3] 昨日<u>たくしー</u>で空港へ行きました。

    1. クタシー　　　2. クたツー　　　3. タクツー　　　4. タクシー

[4] 私はいつも10時ごろ<u>ねます</u>。

    1. 来ます　　　　2. 寝ます　　　　3. 出ます　　　　4. 着ます

[5] あのリンゴはとても<u>あまい</u>です。

    1. 甘い　　　　　2. 苦い　　　　　3. 辛い　　　　　4. 安い

[6] 李さんから鉛筆を<u>かりました</u>。

    1. 降りました　　2. 借りました　　3. 帰りました　　4. 送りました

[7] 子供たちは<u>こうえん</u>で遊んでいます。

    1. 学校　　　　　2. 銀行　　　　　3. 教室　　　　　4. 公園

[8] 昨日は<u>げつようび</u>でした。

    1. 火曜日　　　　2. 木曜日　　　　3. 日曜日　　　　4. 月曜日

もんだい3　（　）に　なにを　いれますか。1・2・3・4から　いちばん　いい　もの を　ひとつ　えらんで　ください。

[1] 毎朝父は（　　）をのみます。

    1. おちゃ　　　　2. おもちゃ　　　3. おかし　　　　4. うどん

[2] 昨日雑誌を（　　）買いました。

    1. 3本　　　　　2. 3枚　　　　　3. 3冊　　　　　4. 3台

[3] コートを（　　）出かけました。

    1. みて　　　　　2. きて　　　　　3. はいて　　　　4. かいて

[4] 机の上に（　　）があります。

    1. ポケット　　　2. アパート　　　3. エスカレーター　4. パソコン

[5] 川で（　　）をつりました。

    1. さかな　　　　2. にく　　　　　3. はな　　　　　4. みせ

[6]　弟はよく（　　）で学校へ行きます。

　　　1．でんき　　　　　　2．でんしゃ　　　　　3．でんわ　　　　　　4．でんげん

[7]　森さんは（　　）な人です。

　　　1．しんせつ　　　　　2．べんり　　　　　　3．かんたん　　　　　4．やさしい

[8]　日本語はできますが、フランス語は（　　）できません。

　　　1．すこし　　　　　　2．ちょっと　　　　　3．たくさん　　　　　4．ぜんぜん

[9]　（　　）から、窓を開けましょう。

　　　1．あまい　　　　　　2．あつい　　　　　　3．つよい　　　　　　4．よわい

[10]　このバスは大学の前を（　　）ます。

　　　1．あるき　　　　　　2．あらい　　　　　　3．とおり　　　　　　4．はなし

もんだい4　＿＿＿＿＿の　ぶんと　だいたい　おなじ　いみの　ぶんが　あります。1・2・3・4から　いちばん　いい　ものを　ひとつ　えらんで　ください。

[1]　<u>李さんは　がっこうで　べんきょうする人です。</u>

　　　1．李さんは　せんせいです。　　　　　　2．李さんは　がくせいです。

　　　3．李さんは　いしゃです。　　　　　　　4．李さんは　かいしゃいんです。

[2]　<u>この部屋はひろいです。</u>

　　　1．この部屋は　ふるくないです。　　　　2．この部屋は　すずしくないです。

　　　3．この部屋は　せまくないです。　　　　4．この部屋は　くらくないです。

[3]　<u>いっしょに　そとへいきましょう。</u>

　　　1．いっしょに　いえにいましょう。　　　2．いっしょに　えをかきましょう。

　　　3．いっしょに　でかけましょう。　　　　4．いっしょに　えいがをみましょう。

[4]　<u>森さんは「ただいま」といいました。</u>

　　　1．森さんは　がっこうへいきました。　　2．森さんは　いえへかえりました。

　　　3．森さんは　ごはんをたべました。　　　4．森さんは　ともだちにあいました。

[5]　<u>先生に　本をもらいました。</u>

　　　1．先生に　本をあげました。　　　　　　2．先生に　本をかしました。

　　　3．先生に　本をうりました。　　　　　　4．先生は　本をくれました。

もんだい1 ＿＿＿＿＿の ことばは ひらがなで どう かきますか。1・2・3・4から いちばん いい ものを ひとつ えらんで ください。

[1] <u>朝ご飯</u>を食べてから会社へ行きます。

    1. ひるごはん   2. ばんごはん   3. あさごはん   4. よるごはん

[2] 昨日は<u>雨</u>でした。

    1. はれ   2. くもり   3. ゆき   4. あめ

[3] 李さんは野菜が<u>嫌い</u>です。

    1. きれい   2. きらい   3. うまい   4. にがい

[4] いっしょに<u>映画</u>を見ませんか。

    1. えが   2. えか   3. えいか   4. えいが

[5] 李さんはプールへ<u>泳ぎ</u>に行きます。

    1. およぎ   2. すぎ   3. いそぎ   4. ぬぎ

[6] 私は<u>新しい</u>カバンがほしいです。

    1. やさしい   2. うれしい   3. いそがしい   4. あたらしい

[7] 教室に学生が<u>二人</u>います。

    1. ににん   2. ふたつ   3. ふたり   4. にさい

[8] 小野さんは<u>目</u>が大きいです。

    1. め   2. あし   3. あたま   4. はな

[9] 李さんは森さんより<u>若い</u>です。

    1. ひろい   2. わかい   3. よわい   4. はやい

[10] 田中さんはもう<u>結婚</u>しています。

    1. きこく   2. けっこん   3. れんしゅう   4. あんしん

もんだい2 ＿＿＿＿＿の ことばは どう かきますか。1・2・3・4から いちばん いい ものを ひとつ えらんで ください。

[1] これはだれの<u>かさ</u>ですか。

1. 顔　　　　　　2. 傘　　　　　　3. 靴　　　　　　4. 車

[2] 奈良は静かな<u>まち</u>です。

1. 町　　　　　　2. 道　　　　　　3. 都市　　　　　4. 所

[3] カバンの中に紙が<u>じゅうまい</u>あります。

1. 十個　　　　　2. 十枚　　　　　3. 十本　　　　　4. 十冊

[4] この<u>けーき</u>はとてもおいしいです。

1. ケイキ　　　　2. クーキ　　　　3. ケーキ　　　　4. クイキ

[5] 手紙を速達で<u>おくりました</u>。

1. 送りました　　2. 作りました　　3. 帰りました　　4. 降りました

[6] ここで写真を<u>とって</u>はいけません。

1. 買って　　　　2. 売って　　　　3. 待って　　　　4. 撮って

[7]　会議の前に、<u>しりょう</u>をコピーします。

1. 準備　　　　　2. 授業　　　　　3. 資料　　　　　4. 小説

[8] 明日は<u>ざんぎょう</u>しなくてもいいです。

1. 食事　　　　　2. 勉強　　　　　3. 連絡　　　　　4. 残業

もんだい3　（　　）に　なにを　いれますか。1・2・3・4から　いちばん　いい　もの を　ひとつ　えらんで　ください。

[1] 私はバス（　　）家へ帰ります。

1. で　　　　　　2. と　　　　　　3. を　　　　　　4. の

[2] あなたの傘は（　　）ですか。

1. だれ　　　　　2. どの　　　　　3. どれ　　　　　4. どなた

[3] テレビで（　　）をみます。

1. ジュース　　　2. ニュース　　　3. ノート　　　　4. デパート

[4] 森さんはギターを（　　）ことができます。

1. ひく　　　　　2. すく　　　　　3. さく　　　　　4. あく

[5] 天気はだんだん（　　）なります。

1. ちいさく　　　2. おおきく　　　3. むずかしく　　4. あたたかく

[6] 試験はごご 1 時に（　　）。

　　1. でます　　　　　　2. とまります　　　3. はじまります　　　4. はいります

[7] 風邪をひいたから、（　　）へ行きました。

　　1. ぎんこう　　　　　2. びょういん　　　3. えき　　　　　　　4. ゆうびんきょく

[8] もっと野菜を（　　）ほうがいいですよ。

　　1. たべる　　　　　　2. たべ　　　　　　3. たべて　　　　　　4. たべた

[9] このコンピュータの操作は（　　）です。

　　1. りっぱ　　　　　　2. たいせつ　　　　3. はで　　　　　　　4. べんり

[10] この薬は毎日（　　）なければなりません。

　　1. のむ　　　　　　　2. のま　　　　　　3. のみ　　　　　　　4. のんで

もんだい4　　＿＿＿＿の　ぶんと　だいたい　おなじ　いみの　ぶんが　あります。1・2・3・4から　いちばん　いい　ものを　ひとつ　えらんで　ください。

[1] 会議は 5 時までです。

　　1. 会議は 5 時にでます。　　　　　　　　2. 会議は 5 時にあきます。

　　3. 会議は 5 時にはじまります。　　　　　4. 会議は 5 時におわります。

[2] 私は料理が　へたです。

　　1. 私は料理が　すきです。　　　　　　　2. 私は料理が　じょうずではありません。

　　3. 私は料理が　きらいではありません。　4. 私は料理が　とくいです。

[3] この荷物は　おもくないです。

　　1. この荷物は　おおきいです。　　　　　2. この荷物は　かんたんです。

　　3. この荷物は　かるいです。　　　　　　4. この荷物は　つまらないです。

[4] 兄はまいあさ　ジョギングします。

　　1. 兄はいつも　ジョギングします。　　　2. 兄はたまに　ジョギングします。

　　3. 兄はときどき　ジョギングします。　　4. 兄はぜんぜん　ジョギングします。

[5] ご飯を食べる前に　手を洗います。

　　1. ご飯を食べてから　手を洗います。　　2. 手を洗ってから　ご飯を食べます。

　　3. 手を洗う前に　ご飯を食べます。　　　4. ご飯を食べた後で　手を洗います。

第1课

一、请写出假名对应的日语汉字

01. 社長	02. 課長	03. 中国人	04. 韓国人
05. 日本人	06. 企業	07. 教授	08. 店員
09. 社員	10. 会社員	11. 学生	12. 大学
13. 留学生	14. 研修生	15. 先生	16. 出迎え
17. あの人	18. 私	19. 貴方	20. 父

二、请写出日语汉字对应的假名

01. ちち	02. きょうじゅ	03. じゅぎょう	04. だいがく
05. がくせい	06. りゅうがくせい	07. けんしゅうせい	08. しゃちょう
09. かちょう	10. しゃいん	11. かいしゃいん	12. でむかえ
13. あのひと	14. わたし	15. あなた	16. ちゅうごく
17. かんこくじん	18. にほんじん	19. アメリカじん	20. フランスじん

三、请写出中文对应的日语单词或表达

01. こんにちは	02. すみません	03. どうぞ	04. はじめまして
05. よろしくお願いします	06. こちらこそ	07. どうも	08. はい
09. いいえ	10. 分かりません	11. どうもすみません	12. そうです
13. ちがいます	14. あの人	15. 私	16. 貴方
17. 社員	18. 会社員	19. 店員	20. 研修生
21. 企業	22. 課長	23. 社長	24. 出迎え
25. フランス人	26. アメリカ人	27. 大学	28. 大学生
29. 先生	30. 教授		

四、听写练习

01. 企業	02. 教授	03. 出迎え	04. 大学
05. 研修生	06. 中国	07. 韓国人	08. アメリカ人
09. 日本人	10. 先生	11. 留学生	12. 貴方
13. 社長	14. 課長	15. 店員	16. 分かりません

第 2 课

一、请写出假名对应的日语汉字

01. 母	02. 傘	03. 靴	04. 机
05. 本	06. 人	07. 方	08. 新聞
09. 雑誌	10. 辞書	11. 手帳	12. 写真
13. 時計	14. 電話	15. 車	16. お土産
17. 日本語	18. 会社	19. 自転車	20. 中国語

二、请写出日语汉字对应的假名

01. つくえ	02. かぎ	03. ほん	04. かさ
05. いす	06. でんわ	07. しゃしん	08. てちょう
09. じしょ	10. ざっし	11. かぞく	12. はは
13. おかあさん	14. ひと	15. かた	16. かいしゃ
17. くるま	18. じてんしゃ	19. おみやげ	20. にほんご

三、请写出中文对应的日语单词或表达

01. おいくつ	02. 手帳	03. お土産	04. 日本語
05. 母	06. お母さん	07. 家族	08. 会社
09. 方	10. 人	11. シルク	12. ハンカチ
13. 傘	14. 靴	15. 写真	16. カメラ
17. パソコン	18. ラジオ	19. テレビ	20. 電話
21. 時計	22. 鍵	23. 本	24. 新聞
25. 雑誌	26. ノート	27. 机	28. かばん
29. 車	30. 自転車		

四、听写练习

01. 新聞	02. 写真	03. お土産	04. 自転車
05. 雑誌	06. 鍵	07. テレビ	08. パソコン
09. カメラ	10. ノート	11. ハンカチ	12. お母さん
13. 中国語	14. 手帳	15. 時計	16. 電話

第3课

一、请写出假名对应的日语汉字

01. 建物　　　　02. 売り場　　　03. 事務所　　　04. 受付
05. 入り口　　　06. 服　　　　　07. 国　　　　　08. 地図
09. 今日　　　　10. 水曜日　　　11. 木曜日　　　12. 隣
13. 周辺　　　　14. 銀行　　　　15. 食堂　　　　16. 郵便局
17. 図書館　　　18. 喫茶店　　　19. 病院　　　　20. 本屋

二、请写出日语汉字对应的假名

01. ふく　　　　　02. くに　　　　　03. となり　　　　04. しゅうへん
05. ちず　　　　　06. きょう　　　　07. ぎんこう　　　08. ほんや
09. びょういん　　10. しょくどう　　11. たてもの　　　12. うけつけ
13. いりぐち　　　14. うりば　　　　15. ゆうびんきょく　16. としょかん
17. きっさてん　　18. もくようび　　19. すいようび　　20.バーゲンかいじょう

三、请写出中文对应的日语单词或表达

01. ビル　　　　　02. 建物　　　　　03. デパート　　　04. マンション
05. ホテル　　　　06. コンビニ　　　07. 喫茶店　　　　08. レストラン
09. 本屋　　　　　10. 図書館　　　　11. 銀行　　　　　12. 郵便局
13. 入り口　　　　14. エスカレーター　15. トイレ　　　　16. 売り場
17. コート　　　　18. 服　　　　　　19. デジカメ　　　20. 地図
21. 国　　　　　　22. 隣　　　　　　23. 周辺　　　　　24. 受付
25. 事務所　　　　26. バーゲン会場　27. 今日　　　　　28. 木曜日
29. あのう　　　　30. いくら

四、听写练习

01. 地図　　　　　02. 入り口　　　　03. マンション　　04. コンビニ
05. 受付　　　　　06. エスカレーター　07. デパート　　　08. デジカメ
09. 事務所　　　　10. 喫茶店　　　　11. 図書館　　　　12. 隣
13. 木曜日　　　　14. 水曜日　　　　15. 周辺　　　　　16. 売り場

第 4 课

一、请写出假名对应的日语汉字

01. 上	02. 家	03. 居間	04. 庭
05. 壁	06. 部屋	07. 箱	08. 場所
09. 本棚	10. 冷蔵庫	11. 後ろ	12. 上
13. 下	14. 外	15. 生徒	16. 公園
17. 売店	18. 駅	19. 地下鉄	20. 一人暮らし

二、请写出日语汉字对应的假名

01. き	02. なか	03. いもうと	04. いぬ
05. ねこ	06. おとこ	07. おんな	08. こども
09. きょうだい	10. りょうしん	11. めがね	12. ちかく
13. へや	14. はなや	15. ばいてん	16. きょうしつ
17. かいぎしつ	18. としょしつ	19. ちかてつ	20. れいぞうこ

三、请写出中文对应的日语单词或表达

01. 居間	02. 壁	03. スイッチ	04. 本棚
05. ベッド	06. 箱	07. 眼鏡	08. ビデオ
09. サッカーボール	10. ビール	11. 子供	12. 両親
13. 兄弟	14. 妹	15. 上	16. 下
17. 外	18. 中	19. 前	20. 後ろ
21. 近く	22. 場所	23. 売店	24. 駅
25. 地下鉄	26. 教室	27. 一人暮らし	28. 木
29. あります	30. います		

四、听写练习

01. スイッチ	02. ベッド	03. ビール	04. ビデオ
05. サッカーボール	06. 子供	07. 両親	08. 兄弟
09. 眼鏡	10. 場所	11. 公園	12. 地下鉄
13. 会議室	14. 図書室	15. 本棚	16. 後ろ

单元测试（一）

もんだい1

    [1] 3   [2] 2   [3] 1   [4] 4   [5] 3

もんだい2

    [1] 1   [2] 3   [3] 2   [4] 3   [5] 4

もんだい3

    [1] 2   [2] 4   [3] 2   [4] 3   [5] 1

第 5 课

一、请写出假名对应的日语汉字

01. 今	02. 今朝	03. 朝	04. 夜
05. 晩	06. 午後	07. 午前	08. 仕事
09. 遅刻	10. 昨日	11. 明日	12. 休み
13. 試験	14. 火曜日	15. 土曜日	16. 月曜日
17. 日曜日	18. 金曜日	19. 出張	20. 働きます

二、请写出日语汉字对应的假名

01. せんしゅう	02. らいしゅう	03. こんしゅう	04. まいにち
05. まいあさ	06. まいばん	07. けさ	08. こんばん
09. らいねん	10. きょねん	11. おたく	12. がっこう
13. りょこう	14. ねます	15. おきます	16. やすみます
17. はたらきます	18. はじまります	19. おわります	20. べんきょうします

三、请写出中文对应的日语单词或表达

01. あさって	02. 明日	03. 昨日	04. おととい
05. 毎日	06. さ来週	07. 毎週	08. 来年
09. 去年	10. 午前	11. 午後	12. 今朝
13. 今晩	14. 月曜日	15. 火曜日	16. 土曜日
17. 学校	18. 試験	19. 出張	20. 旅行
21. 遅刻	22. パーティー	23. お宅	24. 始まります

25. 終わります	26. 起きます	27. 寝ます	28. 勉強します
29. いつ	30. いつも		

四、听写练习

01. 今週	02. あさって	03. 午後	04. 金曜日
05. 日曜日	06. 来年	07. 去年	08. 旅行
09. パーティー	10. 学校	11. 仕事	12. 試験
13. 休みます	14. 働きます	15. 寝ます	16. 勉強します

第 6 课

一、请写出假名对应的日语汉字

01. 夜中	02. 来月	03. 先月	04. 友達
05. 弟	06. 電車	07. 飛行機	08. 夏休み
09. こどもの日	10. 誕生日	11. 新幹線	12. 美術館
13. 交通機関	14. 来ます	15. 行きます	16. 帰ります
17. 歩いて	18. 大変ですね	19. お疲れ様でした	20. お先に失礼します

二、请写出日语汉字对应的假名

01. おとうと	02. ともだち	03. らいげつ	04. せんげつ
05. よなか	06. でんしゃ	07. なつやすみ	08. あるいて
09. たんじょうび	10. しんかんせん	11. ひこうき	12. びじゅつかん
13. こうつうきかん	14. こどものひ	15. きます	16. いきます
17. かえります	18. おつかれさまでした	19. おさきにしつれいします	
20. たいへんですね			

三、请写出中文对应的日语单词或表达

01. ゆうべ	02. コンサート	03. 美術館	04. うち
05. アパート	06. プール	07. 誕生日	08. 来月
09. 先月	10. 夜中	11. クリスマス	12. こどもの日
13. 夏休み	14. 新幹線	15. 飛行機	16. フェリー
17. 電車	18. タクシー	19. バス	20. 交通機関
21. 弟	22. 友達	23. いっしょに	24. 行きます
25. 来ます	26. 帰ります	27. まっすぐ	28. たしか

29. お先に失礼します   30. 大変ですね

四、听写练习

01. コンサート   02. クリスマス   03. タクシー   04. バス
05. フェリー   06. アパート   07. 弟   08. 飛行機
09. 新幹線   10. いっしょに   11. まっすぐ   12. 歩いて
13. 帰ります   14. 友達   15. 夏休み   16. 電車

第 7 课

一、请写出假名对应的日语汉字

01. お茶   02. お粥   03. お弁当   04. 卵
05. 昼ご飯   06. 野球   07. 手紙   08. 映画
09. 音楽   10. 動物園   11. 申込書   12. 見ます
13. 読みます   14. 飲みます   15. 食べます   16. 買います
17. 書きます   18. 聞きます   19. 撮ります   20. 掃除します

二、请写出日语汉字对应的假名

01. たまご   02. おちゃ   03. おかゆ   04. おべんとう
05. やきゅう   06. てがみ   07. おんがく   08. えいが
09. もうしこみしょ   10. どうぶつえん   11. かきます   12. かいます
13. とります   14. よみます   15. ききます   16. そうじします
17. しつれいします   18. おじゃまします   19. おかえりなさい   20. ごぜんちゅう

三、请写出中文对应的日语单词或表达

01. コーヒー   02. コーラ   03. ワイン   04. パン
05. ケーキ   06. そば   07. うどん   08. カレー
09. チーズ   10. リンゴ   11. イチゴ   12. テニス
13. サッカー   14. ジョギング   15. パンダ   16. 撮ります
17. します   18. 掃除します   19. これから   20. じゃあ / では
21. いらっしゃいませ   22. いってまいります / いってきます   23. いってらっしゃい
24. ただいま   25. お帰りなさい   26. かしこまりました   27. ください
28. 失礼します   29. 失礼しました   30. お邪魔します

01. カレー　　　　02. チーズ　　　　03. コーヒー　　　　04. サッカー

05. ジョギング　　06. 野球　　　　　07. お弁当　　　　　08. 申込書

09. 午前中　　　　10. かしこまりました　11. いらっしゃいませ　12. いってきます

13. いってらっしゃい　14. お帰りなさい　　15. お邪魔します　　16. 失礼します

第 8 课

一、请写出假名对应的日语汉字

01. 花　　　　　02. お金　　　　　03. 件　　　　　04. 名前

05. 住所　　　　06. 電話番号　　　07. 夕方　　　　08. 昼休み

09. 韓国語　　　10. 速達　　　　　11. 記念品　　　12. 宿題

13. 航空便　　　14. 新聞紙　　　　15. 写真集　　　16. 貸します

17. 太ります　　18. 習います　　　19. 届きます　　20. もう一度

二、请写出日语汉字对应的假名

01. はな　　　　　02. しゅくだい　　03. なまえ　　　　04. じゅうしょ

05. こむぎこ　　　06. かみひこうき　07. おにいさん　　08. でんわばんごう

09. スケジュールひょう　10. あいます　　11. おくります　　12. つくります

13. だします　　　14. かります　　　15. かします　　　16. おしえます

17. たったいま　　18. まえに　　　　19. おねがいします　20. わかりました

三、请写出中文对应的日语单词或表达

01. チケット　　　02. プレゼント　　03. 写真集　　　　04. 記念品

05. パンフレット　06. ボールペン　　07. ファックス　　08. メール

09. チョコレート　10. アイスクリーム　11. はし　　　　　12. スプーン

13. 夕方　　　　　14. 会います　　　15. かきます　　　16. 太ります

17. 教えます　　　18. あげます　　　19. もらいます　　20. 送ります

21. 出します　　　22. 届きます　　　23. 貸します　　　24. 借ります

25. 作ります　　　26. 習います　　　27. かけます　　　28. もう

29. どうですか　　30. よかったです

四、听写练习

01. プレゼント	02. チケット	03. スケジュール表	04. ボールペン
05. ファックス	06. メール	07. スプーン	08. 昼休み
09. チョコレート	10. さっき	11. たった今	12. もう一度
13. 名前	14. 夕方	15. 宿題	16. 速達

単元测试（二）

もんだい1

[1] 4   [2] 1   [3] 3   [4] 2   [5] 3

もんだい2

[1] 1   [2] 4   [3] 2   [4] 2   [5] 1

もんだい3

[1] 4   [2] 4   [3] 3   [4] 1   [5] 2

第 9 课

一、请写出假名对应的日语汉字

01. 水	02. お湯	03. 薬	04. 天気
05. 気持ち	06. 眺め	07. 料理	08. 食べ物
09. 女性	10. 遠い	11. 近い	12. 高い
13. 低い	14. 易しい	15. 難しい	16. 悪い
17. 辛い	18. 甘い	19. 苦い	20. 塩辛い

二、请写出日语汉字对应的假名

01. やま	02. うみ	03. かみ	04. ゆかた
05. おんせん	06. かぶき	07. おきゃくさま	08. すっぱい
09. あつい	10. つめたい	11. あつい	12. さむい
13. ひろい	14. せまい	15. おおきい	16. ちいさい
17. おおい	18. すくない	19. いそがしい	20. たのしい

三、请写出中文对应的日语单词或表达

01. スープ　　　　　02. お湯　　　　　03. 水　　　　　04. 山

05. 海　　　　　　　06. ニュース　　　07. グラス　　　08. たくさん

09. おいしい　　　　10. まずい　　　　11. おもしろい　12. つまらない

13. かわいい　　　　14. すばらしい　　15. いい　　　　16. 悪い

17. 高い　　　　　　18. 安い　　　　　19. 低い　　　　20. 青い

21. 白い　　　　　　22. 新しい　　　　23. 古い　　　　24. 本当に

25. あまり　　　　　26. とても / たいへん　27. 少し / ちょっと　28. 全然

29. ちょうど　　　　30. 気持ちがいい

四、听写练习

01. 料理　　　　　　02. ニュース　　　03. たくさん　　04. 易しい

05. 難しい　　　　　06. スープ　　　　07. まずい　　　08. 新しい

09. すばらしい　　　10. 安い　　　　　11. 悪い　　　　12. 全然

13. ちょうど　　　　14. ちょっと　　　15. 本当に　　　16. 気持ち

第10课

一、请写出假名对应的日语汉字

01. 町　　　　　　　02. 晴れ　　　　　03. 雨　　　　　04. 雪

05. 曇り　　　　　　06. 魚　　　　　　07. 通り　　　　08. 所

09. お菓子　　　　　10. 紅葉　　　　　11. 部長　　　　12. 自動車

13. 観光客　　　　　14. 汚い　　　　　15. 好き　　　　16. 嫌い

17. 元気　　　　　　18. 静か　　　　　19. 簡単　　　　20. 親切

二、请写出日语汉字对应的假名

01. もの　　　　　　02. さかな　　　　03. ひ　　　　　04. へいじつ

05. おみせ　　　　　06. とおり　　　　07. せいかつ　　08. せかい

09. こきょう　　　　10. にんぎょう　　11. ちょうこく　12. さっか

13. さくひん　　　　14. どうぐ　　　　15. じどうしゃ　16. しゅうがくりょこう

17. ひま　　　　　　18. ゆうめい　　　19. べんり　　　20. ふべん

三、请写出中文对应的日语单词或表达

01. 町	02. お店	03. お菓子	04. シーズン
05. 観光客	06. 作家	07. 平日	08. 曇り
09. 元気	10. ハンサム	11. きれい	12. 汚い
13. 好き	14. 嫌い	15. にぎやか	16. 静か
17. 暇	18. 有名	19. 親切	20. 簡単
21. 便利	22. 不便	23. どう	24. どんな
25. いかが	26. いろいろ	27. でも	28. そして
29. ところで	30. もう少し		

四、听写练习

01. 紅葉	02. 人形	03. 彫刻	04. 作品
05. シーズン	06. 晴れ	07. お菓子	08. 雪
09. にぎやか	10. ハンサム	11. 親切	12. 簡単
13. 暇	14. 元気	15. 嫌い	16. もう少し

第11课

一、请写出假名对应的日语汉字

01. 歌	02. 窓	03. 脚	04. 肉
05. お酒	06. 野菜	07. 果物	08. 飲み物
09. 別荘	10. 旅館	11. 模様	12. 怖い
13. 痛い	14. 赤い	15. 苦手	16. 閉めます
17. 分かります	18. 迷います	19. 疲れます	20. 気に入ります

二、请写出日语汉字对应的假名

01. え	02. えいご	03. スペインご	04. すいえい
05. うんてん	06. やさい	07. くだもの	08. がいこく
09. べっそう	10. りょかん	11. かいぎ	12. けっこんしき
13. しゃしんてん	14. つかれます	15. さんぽします	16. じょうず
17. へた	18. にがて	19. ときどき	20. けっこうです

三、请写出中文对应的日语单词或表达

01. ピアノ	02. コンピュータ	03. 模様	04. バラ
05. ヒマワリ	06. 窓	07. 脚	08. スポーツ
09. 運転	10. ゴルフ	11. 飲み物	12. お酒
13. 結婚式	14. ぼく	15. 分かります	16. 迷います
17. できます	18. 閉めます	19. 散歩します	20. 上手
21. 下手	22. 苦手	23. 時々	24. よく
25. たまに	26. また	27. どうして	28. だから / ですから
29. 結構です	30. 気に入ります		

四、听写练习

01. ピアノ	02. スポーツ	03. ゴルフ	04. コンピュータ
05. ヒマワリ	06. 会議	07. 外国	08. 苦手
09. 痛い	10. 上手	11. 飲み物	12. ときどき
13. 結婚式	14. 結構です	15. 気に入ります	16. 運転

第12课

一、请写出假名对应的日语汉字

01. 春	02. 冬	03. 寿司	04. 席
05. 背	06. 兄	07. 人気	08. 季節
09. 最近	10. 種類	11. 紅茶	12. 緑茶
13. 日本酒	14. 焼酎	15. 日本料理	16. 若い
17. 涼しい	18. 暖かい	19. 大好き	20. 降ります

二、请写出日语汉字对应的假名

01. せ	02. あに	03. せき	04. ふゆ
05. はる	06. きせつ	07. にんき	08. さいきん
09. しゅるい	10. すし	11. にほんしゅ	12. にほんりょうり
13. りょくちゃ	14. はやい	15. わかい	16. すずしい
17. あたたかい	18. だいすき	19. ふります	20. にんきがあります

三、请写出中文对应的日语单词或表达

01. 季節	02. 冬	03. 春	04. 降ります
05. ナシ	06. バナナ	07. ミカン	08. ジュース
09. 種類	10. 日本料理	11. 日本酒	12. 寿司
13. 紅茶	14. 緑茶	15. ウーロン茶	16. 最近
17. 兄	18. 背	19. クラス	20. 席
21. いちばん	22. 人気	23. 大好き	24. 若い
25. 速い	26. 暖かい	27. 涼しい	28. ずっと
29. やはり / やっぱり	30. 人気があります		

四、听写练习

01. バナナ	02. ナシ	03. ミカン	04. ジュース
05. 種類	06. 焼酎	07. クラス	08. いちばん
09. 大好き	10. ずっと	11. 涼しい	12. 暖かい
13. 寿司	14. 降ります	15. 人気	16. 季節

单元测试（三）

もんだい１

[1] 2　　　[2] 2　　　[3] 3　　　[4] 1　　　[5] 4

もんだい２

[1] 3　　　[2] 1　　　[3] 2　　　[4] 4　　　[5] 1

もんだい３

[1] 4　　　[2] 3　　　[3] 1　　　[4] 2　　　[5] 3

第13课

一、请写出假名对应的日语汉字

01. 昼	02. 象	03. 荷物	04. 切手
05. 漫画	06. 修理	07. 引き出し	08. 居酒屋
09. 唐揚げ	10. 焼き鳥	11. 咲きます	12. 吸います

13. 切ります	14. 泳ぎます	15. 遊びます

二、请写出日语汉字对应的假名

01. かみ	02. ぞう	03. ひる	04. きって
05. まんが	06. にもつ	07. いざかや	08. にくじゃが
09. なまビール	10. ひきだし	11. さきます	12. およぎます
13. あそびます	14. すいます	15. きります	

三、请写出中文对应的日语单词或表达

01. はがき	02. 切手	03. アルバム	04. 引き出し
05. ボーリング	06. ガレージ	07. 修理	08. 生ビール
09. 焼き鳥	10. 唐揚げ	11. ほか	12. タバコ
13. 吸います	14. かかります	15. 髪	16. 切ります
17. 遊びます	18. だいたい	19. とりあえず	20. 泳ぎます

四、听写练习

01. 遊びます	02. 荷物	03. ボーリング	04. タバコ
05. ガレージ	06. 修理	07. 泳ぎます	08. アルバム
09. 生ビール	10. 肉じゃが	11. 引き出し	12. どのぐらい
13. 切手	14. とりあえず	15. 咲きます	16. 吸います

第14课

一、请写出假名对应的日语汉字

01. 角	02. 道	03. 右	04. 左
05. 駅前	06. 交差点	07. 横断歩道	08. 記事
09. 電気	10. 原稿	11. 書類	12. 飛びます
13. 売ります	14. 開けます	15. 見せます	16. 過ぎます
17. 話します	18. 選びます	19. 歩きます	20. 卒業します

二、请写出日语汉字对应的假名

01. はし	02. ふなびん	03. あさごはん	04. ばんごはん
05. くらい	06. とおります	07. わたります	08. おります

09. まがります　　　　10. でます　　　　　　11. でかけます　　　　12. いそぎます

13. まちます　　　　　14. しにます　　　　　15. けします　　　　　16. あらいます

17. おろします　　　　18. しょくじします　　19. せいりします　　　20. かいものします

三、请写出中文对应的日语单词或表达

01. ドア　　　　　　　02. 電気　　　　　　　03. メモ　　　　　　　04. 書類

05. 駅前　　　　　　　06. 交差点　　　　　　07. バーベキュー　　　08. 飛びます

09. 過ぎます　　　　　10. 出ます　　　　　　11. 出かけます　　　　12. 通ります

13. 歩きます　　　　　14. 曲がります　　　　15. 渡ります　　　　　16. 降ります

17. 洗います　　　　　18. 見せます　　　　　19. 消します　　　　　20. つけます

21. 開けます　　　　　22. 卒業します　　　　23. 買い物します　　　24. コピーします

25. 暗い　　　　　　　26. 大変　　　　　　　27. なかなか　　　　　28. 後で

29. それから　　　　　30. すみませんが

四、听写练习

01. ドア　　　　　　　02. メモ　　　　　　　03. 横断歩道　　　　　04. バーベキュー

05. 電気　　　　　　　06. 卒業します　　　　07. 消します　　　　　08. 下ろします

09. 死にます　　　　　10. 待ちます　　　　　11. コピーします　　　12. 買い物します

13. 後で　　　　　　　14. 大変　　　　　　　15. 交差点　　　　　　16. 駅前

第15课

一、请写出假名对应的日语汉字

01. 風邪　　　　　　　02. 熱　　　　　　　　03. 無理　　　　　　　04. お風呂

05. 睡眠　　　　　　　06. 禁煙　　　　　　　07. 打ち合わせ　　　　08. 市役所

09. 薬局　　　　　　　10. 携帯電話　　　　　11. 十分　　　　　　　12. 乗ります

13. 止めます　　　　　14. 申します　　　　　15. 座ります　　　　　16. 入ります

17. 歌います　　　　　18. 使います　　　　　19. 伝えます　　　　　20. お大事に

二、请写出日语汉字对应的假名

01. ひ　　　　　　　　02. ねつ　　　　　　　03. き　　　　　　　　04. むり

05. かぜ　　　　　　　06. じゅうぶん　　　　07. きんえん　　　　　08. だいじょうぶ

09. しやくしょ　　　　10. あたたかい　　　　11. けいたいでんわ　　12. うたいます

13. のります	14. すわります	15. はいります	16. もうします
17. きをつけます	18. むりをします	19. つかいます	20. つたえます

三、请写出中文对应的日语单词或表达

01. 火	02. クーラー	03. 風邪	04. 熱
05. 薬局	06. 気	07. お風呂	08. 暖かい
09. ボート	10. ベンチ	11. 乗ります	12. 座ります
13. 使います	14. とります	15. 止めます	16. 歌います
17. 申します	18. 伝えます	19. 打ち合わせ	20. かまいません
21. だめ / いけません	22. 十分	23. ゆっくり	24. お大事に
25. もちろん	26. まだです	27. 気をつけます	28. 無理をします
29. 睡眠をとります	30. お風呂に入ります		

四、听写练习

01. ボート	02. ベンチ	03. クーラー	04. 打ち合わせ
05. 無理	06. 使います	07. 大丈夫	08. お風呂
09. 気をつけます	10. ゆっくり	11. 風邪	12. 薬局
13. 睡眠	14. 伝えます	15. 十分	16. お大事に

第 16 课

一、请写出假名对应的日语汉字

01. 指	02. 横	03. 操作	04. 機械
05. 形	06. 財布	07. 警備	08. 緑
09. 最新	10. 製品	11. 設計	12. 広告
13. 水筒	14. 展示場	15. 営業部	16. 軽い
17. 黒い	18. 複雑	19. 派手	20. 地味

二、请写出日语汉字对应的假名

01. こ	02. あたま	03. かお	04. め
05. はな	06. あし	07. ぬの	08. かわ
09. もんだい	10. まちがい	11. みなさん	12. ふとい

13. ほそい	14. かるい	15. やさしい	16. あかるい
17. あんぜん	18. たいせつ	19. すみます	20. しります

三、请写出中文对应的日语单词或表达

01. 天井	02. 建築家	03. 機械	04. 横
05. クリスマスツリー	06. ネクタイ	07. 入場料	08. サービス
09. 間違い	10. 持ちます	11. 直します	12. 片づけます
13. 安心します	14. 練習します	15. 結婚します	16. 長い
17. 短い	18. 軽い	19. 細い	20. 太い
21. 明るい	22. 黒い	23. ユニーク	24. 派手
25. 地味	26. まじめ	27. すぐ	28. ずいぶん
29. ちゃんと	30. 頭がいい		

四、听写练习

01. 財布	02. デザイン	03. ネクタイ	04. サービス
05. 広告	06. 看板	07. クリスマスツリー	08. ユニーク
09. 厳重	10. 地味	11. 片づけます	12. 練習します
13. ちゃんと	14. ずいぶん	15. 頭がいい	16. 派手

单元测试（四）

もんだい1

[1] 2　　　[2] 4　　　[3] 3　　　[4] 4　　　[5] 3

もんだい2

[1] 2　　　[2] 1　　　[3] 1　　　[4] 2　　　[5] 3

もんだい3

[1] 4　　　[2] 1　　　[3] 2　　　[4] 3　　　[5] 4

第17课

一、请写出假名对应的日语汉字

01. 夏	02. 今年	03. 今度	04. 立派

05. 欲しい	06. 相手	07. 恋愛	08. 恋人
09. 先輩	10. 男性	11. 洋服	12. 外国人
13. 天ぷら	14. 初詣	15. 健康	

二、请写出日语汉字对应的假名

01. ことし	02. はつもうで	03. なつ	04. ようふく
05. おしるこ	06. てんぷら	07. けんこう	08. れんあい
09. こいびと	10. あいて	11. せんぱい	12. だんせい
13. りっぱ	14. はじめます	15. れんらくします	

三、请写出中文对应的日语单词或表达

01. セーター	02. バイク	03. ノートパソコン	04. 恋人
05. 相手	06. 恋愛	07. ドラマ	08. 先輩
09. 外国人	10. 今年	11. 夏	12. 健康
13. 欲しい	14. 立派	15. 始めます	16. 連絡します
17. 今度	18. ぜひ	19. そろそろ	20. まず

四、听写练习

01. バイク	02. ドラマ	03. セーター	04. ノートパソコン
05. お汁粉	06. 初詣	07. 洋服	08. 外国人
09. 欲しい	10. 相手	11. 恋人	12. 今度
13. 先輩	14. 始めます	15. 連絡します	16. 立派

第18课

一、请写出假名对应的日语汉字

01. 音	02. 声	03. 空気	04. 時間
05. 色	06. 赤	07. 青	08. 医者
09. 学者	10. 息子	11. お嬢さん	12. お正月
13. 定価	14. 値段	15. 半額	16. 準備
17. 将来	18. 開きます	19. 似合います	20. 間もなく

二、请写出日语汉字对应的假名

01. あか	02. あお	03. いろ	04. おと

05. こえ	06. くうき	07. しょうらい	08. むすこ
09. おじょうさん	10. しゃかいじん	11. りょこうガイド	12. がくしゃ
13. いしゃ	14. びょうき	15. おしょうがつ	16. しんしゅんセール
17. さんわりびき	18. はんがく	19. ねだん	20. いまから

三、请写出中文对应的日语单词或表达

01. 時間	02. 準備	03. お正月	04. 新春セール
05. タイムサービス	06. 定価	07. 3割引	08. シャツ
09. スカート	10. 色	11. 似合います	12. 将来
13. 社会人	14. 旅行ガイド	15. 学者	16. 医者
17. パイロット	18. デザイナー	19. なります	20. 開きます
21. 空気	22. 病気	23. うるさい	24. シンプル
25. 今から	26. もうすぐ	27. 間もなく	28. できるだけ
29. さらに / もっと	30. まとめて		

四、听写练习

01. スカート	02. シャツ	03. パイロット	04. デザイナー
05. タイムサービス	06. 新春セール	07. 時間	08. あきます
09. 準備	10. 空気	11. シンプル	12. もうすぐ
13. もっと	14. 病気	15. 将来	16. 間もなく

第19课

一、请写出假名对应的日语汉字

01. お皿	02. 品物	03. 本当	04. 初めて
05. 高級	06. 英会話	07. 初心者	08. 上級者
09. 転びます	10. 運びます	11. 落とします	12. 返します
13. 置きます	14. 捨てます	15. 慌てます	16. 滑ります
17. 触ります	18. 治ります	19. 心配します	20. 残業します

二、请写出日语汉字对应的假名

01. はやく	02. さきに	03. はじめて	04. おさら
05. しなもの	06. ほんとう	07. こうきゅう	08. しょしんしゃ
09. じょうきゅうクラス	10. てつだいます	11. はらいます	12. ぬぎます

13. かわきます	14. よびます	15. たちます	16. わすれます
17. あわてます	18. すてます	19. ざんぎょうします	20. しんぱいします

三、请写出中文对应的日语单词或表达

01. レポート	02. パスポート	03. のど	04. ごみ
05. スキー	06. コース	07. 初心者	08. 上級者
09. 英会話	10. 触ります	11. 滑ります	12. 転びます
13. 慌てます	14. 呼びます	15. 手伝います	16. 運びます
17. 置きます	18. 治ります	19. 立ちます	20. 払います
21. なくします	22. 落とします	23. 脱ぎます	24. 渇きます
25. 本当	26. 先に	27. 初めて	28. 早く
29. だいぶ	30. やっと		

四、听写练习

01. ごみ	02. のど	03. コース	04. スキー
05. レポート	06. パスポート	07. 呼びます	08. 返します
09. なくします	10. やっと	11. だいぶ	12. 本当
13. 初めて	14. 先に	15. 残業します	16. 早く

第20课

一、请写出假名对应的日语汉字

01. 釣り	02. 夢	03. 手作り	04. 編み物
05. 書道	06. 趣味	07. 興味	08. 特技
09. 自分	10. 全員	11. 寮	12. 資料
13. 授業	14. 小説	15. 洗濯機	16. 春節
17. 冬休み	18. 海岸	19. 弾きます	20. 帰国します

二、请写出日语汉字对应的假名

01. ゆめ	02. りょう	03. かわ	04. ギョーザ
05. てづくり	06. ちゅうかりょうり	07. フランスご	08. きょうみ
09. しゅみ	10. しょうせつ	11. じぶん	12. ぜんいん
13. じゅぎょう	14. せんたくき	15. のぼります	16. あびます
17. あつめます	18. ひきます	19. きこくします	20. とくに

三、请写出中文对应的日语单词或表达

01. 趣味	02. 興味	03. 夢	04. 特技
05. 中華料理	06. 手作り	07. 編み物	08. 春節
09. 餃子	10. 皮	11. おなか	12. 寮
13. 洗濯機	14. シャワー	15. フランス語	16. 授業
17. 小説	18. 資料	19. みんな	20. キャンプ
21. 海岸	22. ドライブ	23. ギター	24. 弾きます
25. 登ります	26. 集めます	27. すきます	28. ごちそうします
29. 特に	30. 冬休み		

四、听写练习

01. ギター	02. ドライブ	03. シャワー	04. 浴びます
05. 趣味	06. 夢	07. 授業	08. 資料
09. 興味	10. キャンプ	11. 自分	12. 全員
13. 登ります	14. 集めます	15. 特技	16. 特に

单元测试（五）

もんだい1

[1] 4　　　[2] 2　　　[3] 3　　　[4] 1　　　[5] 3

もんだい2

[1] 2　　　[2] 3　　　[3] 4　　　[4] 4　　　[5] 1

もんだい3

[1] 3　　　[2] 3　　　[3] 1　　　[4] 1　　　[5] 2

第21课

一、请写出假名对应的日语汉字

01. 地震	02. 体	03. 言葉	04. 終わり
05. 切符	06. 京劇	07. 連休	08. 泥棒
09. 渡します	10. 調べます	11. 遅れます	12. 考えます
13. 洗濯します	14. 運動します	15. 報告します	

二、请写出日语汉字对应的假名

01. からだ　　　02. ことば　　　　03. きっぷ　　　　　04. どろぼう
05. じしん　　　06. ちゅうしゃじょう　07. きゅうけいじかん　08. おわり
09. あぶない　　10. きます　　　　11. しらべます　　　12. おくれます
13. かんがえます　14. よやくします　15. かんしゃします

三、请写出中文对应的日语单词或表达

01. 切符　　　　　02. ゴールデンウィーク　03. 連休　　　04. 休憩時間
05. メールアドレス　06. 泥棒　　　　07. 危ない　　　08. 終わり
09. 調べます　　　10. 報告します　　11. 考えます　　12. 渡します
13. 予約します　　14. 遅れます　　　15. 着ます　　　16. 運動します
17. 洗濯します　　18. 感謝します　　19. それとも　　20. そんなに

四、听写练习

01. 切符　　　　　02. 言葉　　　　03. メールアドレス　04. ゴールデンウィーク
05. 京劇　　　　　06. 渡します　　07. 考えます　　　08. 予約します
09. 運動します　　10. 感謝します　11. 洗濯します　　12. 連休
13. 報告します　　14. 地震　　　　15. 危ない　　　　16. 泥棒

第22课

一、请写出假名对应的日语汉字

01. 火事　　　02. 歌手　　　03. 急　　　04. 期間
05. 予定　　　06. 都合　　　07. 携帯　　08. 転勤
09. 送別会　　10. スキー場　11. 眠い　　12. 重い
13. 嬉しい　　14. 奥さん　　15. 大統領

二、请写出日语汉字对应的假名

01. きゅう　　　02. かじ　　　　03. よてい　　　04. つごう
05. きかん　　　06. てんきん　　07. けいたい　　08. そうべつかい
09. かしゅ　　　10. おくさん　　11. だいとうりょう　12. スキーじょう
13. おもい　　　14. ねむい　　　15. うれしい

三、请写出中文对应的日语单词或表达

01. おもちゃ 　　　 02. バドミントン 　　 03. ラケット 　　　 04. やります

05. 急 　　　　　 06. まあまあ 　　　 07. あんまり 　　　 08. ごめん

09. 眠い 　　　　 10. 重い 　　　　　 11. 嬉しい 　　　　 12. 転勤

13. 送別会 　　　 14. 期間 　　　　　 15. 携帯 　　　　　 16. 都合

17. 予定 　　　　 18. スキー場 　　　 19. 火事 　　　　　 20. 奥さん

四、听写练习

01. ラケット 　　　 02. おもちゃ 　　　 03. バドミントン 　　 04. 奥さん

05. 予定 　　　　 06. 転勤 　　　　　 07. 歌手 　　　　　 08. 大統領

09. 都合 　　　　 10. スキー場 　　　 11. 火事 　　　　　 12. 期間

13. 携帯 　　　　 14. 眠い 　　　　　 15. 重い 　　　　　 16. 嬉しい

第23课

一、请写出假名对应的日语汉字

01. 生地 　　　　 02. 味 　　　　　　 03. 濃い 　　　　　 04. 薄い

05. 船 　　　　　 06. 毎回 　　　　　 07. 通勤 　　　　　 08. 早い

09. 遅い 　　　　 10. 週末 　　　　　 11. 閉店時刻 　　　 12. 卒業式

13. 込みます 　　 14. 違います 　　　 15. 確かめます

二、请写出日语汉字对应的假名

01. ふね 　　　　 02. あじ 　　　　　 03. きじ 　　　　　 04. しゅうまつ

05. つうきん 　　 06. そつぎょうしき 　 07. おそい 　　　　 08. はやい

09. うすい 　　　 10. こい 　　　　　 11. こみます 　　　 12. ちがいます

13. きまります 　 14. しらせます 　　 15. たしかめます

三、请写出中文对应的日语单词或表达

01. 毎回 　　　　 02. 通勤 　　　　　 03. 生地 　　　　　 04. 閉店時刻

05. 週末 　　　　 06. 違います 　　　 07. 込みます 　　　 08. 味

09. 濃い 　　　　 10. 薄い 　　　　　 11. 遅い 　　　　　 12. 確かめます

13. たぶん 　　　 14. 決まります 　　 15. 知らせます

01. 毎回　　　　　　02. 週末　　　　　　03. 通勤　　　　　　04. スケート
05. 船　　　　　　　06. 生地　　　　　　07. 閉店時刻　　　　08. 卒業式
09. 早い　　　　　　10. 遅い　　　　　　11. 違います　　　　12. 込みます
13. 決まります　　　14. 知らせます　　　15. 確かめます　　　16. たぶん

第24课

一、请写出假名对应的日语汉字

01. 間　　　　　　　02. 話　　　　　　　03. 見送り　　　　　04. お別れ
05. 法律　　　　　　06. 言います　　　　07. 決めます　　　　08. 思います
09. 笑います　　　　10. 探します　　　　11. 寝坊します　　　12. 外出します
13. 研究します　　　14. 役に立ちます　　15. お気をつけて　　16. お元気で
17. 必ず　　　　　　18. 絶対に　　　　　19. お世話になりました
20. よろしくお伝えください

二、请写出日语汉字对应的假名

01. はなし　　　　　02. あいだ　　　　　03. ほうりつ　　　　04. おわかれ
05. みおくり　　　　06. かならず　　　　07. ぜったいに　　　08. おげんきで
09. おきをつけて　　10. きめます　　　　11. さがします　　　12. いいます
13. おもいます　　　14. わらいます　　　15. がいしゅつします　16. けんきゅうします
17. ねぼうします　　18. やくにたちます　19. よろしくおつたえください
20. おせわになりました

三、请写出中文对应的日语单词或表达

01. 見送り　　　　　02. 間　　　　　　　03. お別れ　　　　　04. ハイキング
05. やめます　　　　06. 探します　　　　07. 思います　　　　08. 言います
09. 寝坊します　　　10. おかしい　　　　11. すごい　　　　　12. いっぱい
13. とうとう　　　　14. さようなら　　　15. どうやって　　　16. おなかがいっぱいです
17. お世話になりました　18. 笑います　　　19. お元気で　　　　20. お気をつけて

四、听写练习

01. ハイキング　　　02. すごい　　　　　03. おかしい　　　　04. いっぱい

05. とうとう   06. 必ず   07. 絶対に   08. 見送り

09. 外出します   10. 研究します   11. さようなら   12. お元気で

13. どうやって   14. 役に立ちます   15. おなかがいっぱいです 16. 言います

単元测试（六）

もんだい1

[1] 4   [2] 2   [3] 2   [4] 3   [5] 1

もんだい2

[1] 3   [2] 2   [3] 4   [4] 1   [5] 1

もんだい3

[1] 4   [2] 3   [3] 4   [4] 1   [5] 2

N5 文字、词汇模拟题（一）

もんだい1

[1] 2   [2] 1   [3] 4   [4] 2   [5] 4

[6] 2   [7] 3   [8] 1   [9] 3   [10] 4

もんだい2

[1] 3   [2] 1   [3] 4   [4] 2   [5] 1

[6] 2   [7] 4   [8] 4

もんだい3

[1] 1   [2] 3   [3] 2   [4] 4   [5] 1

[6] 2   [7] 1   [8] 4   [9] 2   [10] 3

もんだい4

[1] 2   [2] 3   [3] 3   [4] 2   [5] 4

もんだい 1

[1] 3	[2] 4	[3] 2	[4] 4	[5] 1
[6] 4	[7] 3	[8] 1	[9] 2	[10] 2

もんだい 2

[1] 2	[2] 1	[3] 2	[4] 3	[5] 1
[6] 4	[7] 3	[8] 4		

もんだい 3

[1] 1	[2] 3	[3] 2	[4] 1	[5] 4
[6] 3	[7] 2	[8] 4	[9] 4	[10] 2

もんだい 4

[1] 4	[2] 2	[3] 3	[4] 1	[5] 2